CARLES BAYOD SERAFINI

¡JUGUEMOS A SENTIR LAS PALABRAS!

Para facilitar la comprensión lectora y la creación literaria

Primera edición: agosto 2025

Diseño de cubierta: Raquel Pineda Sotés

Horsori Editorial, S.L.
Neopàtria, 93, local
(08030) Barcelona
http://www.horsori.net

D.L.: B 16528-2025
I.S.B.N.: 978-84-129850-3-0
Impreso en Podiprint

ÍNDICE

SEGUNDA SERIE DE SENSOJUEGOS
A PARTIR DE DOS SENSACIONES DADAS
CREAR LOS TEXTOS QUE LAS EXPRESEN.............. 67

TERCERA SERIE DE SENSOJUEGOS

Las letras y las palabras, si las vestimos con sensaciones, pasan a formar parte de nosotros, se fijan mejor en nuestra memoria y nos permiten expresarnos con más fluidez, concreción y profundidad.

Para conseguirlo debemos dar a nuestro cerebro las herramientas necesarias para que desarrolle su capacidad de sentir las letras, las palabras, las frases, los textos y una buena creatividad y comprensión lectora.

Con los sensojuegos, al tener que expresar las sensaciones del escrito con otro medio expresivo, nos vemos obligados a comprender el texto para poderlo expresar.

Entonces podremos gozar del placer de leer, percibir lo que el autor está queriendo transmitirnos y también crear y transmitir nosotros nuestro propio mundo de palabras.

PRÓLOGO

Desde los albores de la humanidad, las letras y las palabras se han ganado un puesto de honor en nuestro cerebro. Desde aquel lejano día en el que de la garganta humana salió la primera palabra inteligible que comunicara algo, se han ido creando dos grupos de neuronas especializadas en la palabra hablada y en la escritura de la palabra. Son las áreas de Broca y de Wernicke.

El habla y, posteriormente, la escritura, han sido fundamentales para la fijación de la cultura. Han permitido acumular conocimientos y transmitirlos de generación en generación y, en su evolución, las palabras se han convertido en arte a través de la metáfora, la poesía y la literatura.

Hablar y escribir se ha convertido en una necesidad vital de nuestra sociedad que está construida sobre letras, palabras, frases y textos que explican nuestra historia o nuestro sentir. Pero las letras, y también las palabras, las frases y los textos en general están acompañados de sensaciones que los fijan fuertemente en nuestra memoria y nos hacen sentir que la vida fluye a través de las palabras.

En este libro hablaremos de las sensaciones de lo escrito y de lo hablado. Aprenderemos a vivir las palabras habladas o escritas como un conjunto de sensaciones que podemos fijar y transmitir a nuestros congéneres.

Transmitir la sensación de las palabras es llevar el lenguaje a la categoría de arte. Es volver a aquel momento en el que un antepasado nuestro plasmó un sentimiento, y lo fijó para que tanto él como los demás pudieran contemplarlo y sentir algo profundo de sí y de lo que el otro estaba sintiendo. En ese momento empezamos a ser humanos.

También para el aprendizaje de cualquier idioma es fundamental que penetremos en la estética de cómo sentimos las palabras, para facilitar su fijación en la memoria y poder deslizarnos con más facilidad por las sensaciones de aquella lengua, lo cual facilitará, asimismo, que viajemos por la nuestra con más facilidad, estética y elegancia.

INTRODUCCIÓN

Este libro está concebido para uso personal; para que, al leerlo, reflexionemos y aprendamos mediante las experiencias que se proponen. También es un libro de juegos a través de los cuales los jugadores aprenden a sentir las letras, las palabras y todo un libro, y a crearlos como si fuesen unos grandes escritores al tiempo que se divierten. En la escuela, es un excelente libro para ayudar al maestro en las clases donde la escritura y la lectura son fundamentales. En suma, es un libro polivalente y una gran herramienta para facilitar la comprensión lectora y la creatividad literaria.

El proceso que vamos a seguir va a ser el siguiente: primero, vamos a aprender a sentir las letras y a expresarlas con un soporte expresivo, por ejemplo: con el cuerpo, que, como en una danza, hagan sentir cada letra; a través del dibujo o la pintura, expresando, al pintar un objeto, las distintas sensaciones de cada letra; y lo mismo a través del tacto, el sonido, los sabores, los olores, el espacio o el tiempo. Luego, a sentir las palabras, las frases, los párrafos, las metáforas, la poesía y un libro completo. De esta forma, al mismo tiempo que aprendemos a leer y a escribir correctamente, aprendemos a sentir lo que leemos y escribimos entrando en un nivel mental, perceptivo y creativo adecuado, para un correcto aprendizaje y fijación de lo aprendido en la memoria.

Los tiempos de duración de un juego dependerán de su complejidad. La mayoría pueden realizarse en una sentada, pero algunos necesitarán más tiempo, pues se tendrán que leer o escribir textos más extensos, incluso libros.

A lo largo de este aprendizaje sensológico se produce un fenómeno singular: la persona, al tiempo que aprende a sentir las letras, las palabras y los libros en general, aprende a sentirse a sí misma, a los demás y al entorno. Es fundamental este doble aprendizaje porque, a la vez que la persona descubre sus facultades sensológicas de sentir y expresar las letras y las palabras, también se descubre y desarrolla como persona en profundidad. Cabe resaltar que, al aprender a sentir las palabras, se aprende a organizarlas y a sentir dicha organización, fijando en el cerebro esta rutina de las palabras en sucesión armónica, descriptiva y expresiva.

Es importante también ver la formación sensológica y el equilibrio de la persona, que se consigue al desarrollar sus facultades para sentir y expresarse a través de la palabra, pues a parte de dicho equilibrio emocional, también se estimula su inteligencia al aprender a expresarse conjuntamente en las modalidades: lineal como *concepto*, y holística y cuántica como *sensación*.

Hay una diferencia fundamental entre un ordenador clásico y un ordenador cuántico. El primero, el que usamos todos, trabaja de forma lineal con una combinación de unos (1) y ceros (0) a los que llaman *bit,* y que la combinación de estos *bits* va formando una letra, una palabra, un número o toda una operación matemática. Pero, en el ordenador cuántico, las cosas cambian, ya no se produce una serie lineal de unos y ceros, sino que aparece una nueva forma de trabajar los datos: un número ya no está al lado de otro número, sino que existen de forma simultánea. A este nuevo *bit* se lo ha llamado *cúbit* como *bit cuántico*, debido a las *superposiciones cuánticas* que lo facultan para trabajar a velocidades impensables. Esto es lo que sucede en nuestro cerebro cuando trabajamos con sensaciones. Pasamos de trabajar con *bits* a trabajar con *cúbits,* que en este caso son *bits biológicos* y *cúbits biológicos* y que podríamos llamar *bit-bio* y *cúbit-bio,* cuando se trate de experiencias de nuestro cerebro.

En resumen, vamos a descubrir una dimensión de cada uno que no sabíamos que teníamos. Vamos a realizarnos cada uno como creadores a través de los juegos de sensaciones del libro que llamaremos sensojuegos.

PRIMERA PARTE

HERRAMIENTAS SENSOLÓGICAS MEDIOS PARA APRENDER A SENTIR Y A EXPRESAR LAS SENSACIONES DE LAS LETRAS Y LAS PALABRAS

LA INTELIGENCIA SENSOLÓGICA, UNA INTELIGENCIA LIBRE Y CREATIVA

La inteligencia sensológica es una inteligencia no verbalizable, encargada de percibir, organizar y expresar las sensaciones, y de trabajar amplia, profunda, libre y creativamente en este espacio a través del lenguaje abierto de la percepción / expresión de sensaciones que le es propio. Trabajar con las sensaciones tiene la ventaja de que, al poder penetrar fácilmente en este nivel sin palabras, nos permite vestir con sensaciones nuestro pensamiento y nuestra comunicación a través de dichas palabras.

Por otra parte, la intuición, esa productora de milagros creativos, no es otra cosa que una manifestación espontánea de dicha inteligencia sensológica. La creatividad se gesta en este espacio cuántico no verbalizable de la mente, que después puede articularse a través de otros medios expresivos como, por ejemplo, las palabras, los números, los sonidos o los gráficos. En el caso de este libro, básicamente es a través de las palabras y las diferentes formas de comunicación verbal. Asimismo, esta misma capacidad de creatividad literaria nos proporciona una mayor comprensión lectora. Esta capacidad de sentir que nos ofrece la inteligencia sensológica, nos hace libres porque nos conecta con nuestro yo más profundo y con nuestra propia esencia de ser y de existir. Cuando estamos conectados con esta esencia somos libres porque somos irreductibles, ya que nos sentimos y nos sabemos, y podemos expresarnos con palabras porque estas son simplemente un medio para expresar todo nuestro gran mundo interior. Cuando hacemos palabras sin vestirlas de sensaciones o leemos un texto sin saber percibir todo su contenido sensológico, no podemos decir que sabemos leer o escribir porque solamente hemos usado la parte más elemental o simplemente descriptiva del lenguaje hablado o escrito.

En este libro aprenderás a descubrir este mundo silencioso y elocuente de las sensaciones de las palabras, cómo combinarlas y su utilización para poder comunicar lo más profundo de ti o lo más superficial, de forma coherente y comprensible.

LA ESTÉTICA DE LAS LETRAS Y LAS PALABRAS, Y EL TERCER CEREBRO

Lo que para muchos son simplemente letras y palabras que describen objetos, situaciones o ideas, si las vestimos con sensaciones se convierten en la base de unas expresiones estéticas y de, tal vez, alguna obra de arte.

Los seres humanos, a parte del cerebro que tenemos ubicado dentro de nuestra cabeza, que en verdad son dos cerebros unidos por un haz de fibras llamado cuerpo calloso, tenemos un tercer cerebro externo, virtual, estético y cuántico, que es el responsable de nuestra proyección estética y creativa y nos hace de espejo en el que podemos contemplar lo más esencial de nosotros. A este cerebro le llamaremos nuestro *genoma estético* externo.

Es importante entender este mecanismo del que nos ha dotado la naturaleza, para poder comprender muchos de los fenómenos que suceden a nuestro alrededor y en nosotros mismos. Si solo usáramos la parte biológica interna de nuestro cerebro, la materia gris que tenemos dentro de nuestra cabeza, no se hubiera producido la humanización. Empezamos a ser humanos el día en que alguien hizo su primera obra de arte en la que externalizó, por primera vez, su sentir profundo a través de la estética, se contempló fuera de sí, se identificó con este sentir en lo más profundo, y su tercer cerebro externo, estético, virtual y cuántico que acababa de poner en marcha, ya no paró de funcionar.

En arte, recibe tanto bien el creador de la obra como el espectador, y lo importante es que ninguno de los dos sabe muy bien lo que ha expresado y lo que ha recibido. Se ha producido la obra y ha hecho su trabajo en un umbral de conciencia en el que no podemos entrar con palabras, porque las sensaciones son su lenguaje. Esta es una característica muy importante del arte, está ahí, nos afecta en lo profundo, pero no podemos rebatirlo con palabras, aunque puede formar parte de las palabras y expresarse a través de ellas, como en la poesía y en la buena literatura; sin embargo, tanto en la poesía como en la literatura, tampoco podemos definir aquello que nos ha hecho sentir su lectura. Esta vivencia profunda solo podemos expresarla a través de otra sensación, y con este mecanismo el lector se introducirá en el mundo de las palabras: a través de juegos de sensaciones o sensojuegos que va a encontrar a lo largo del libro.

Los seres humanos pensamos, sentimos y nos reflejamos en la estética. Para hacer esto posible, la naturaleza nos ha dotado de un cerebro para cada una de estas funciones. Son, como ya se ha comentado tres cerebros de naturaleza distinta: dos cerebros biológicos internos y un tercer cerebro externo virtual de naturaleza estética. Los dos cerebros internos son bien conocidos, están en el interior de nuestra cabeza, uno a la izquierda y el otro a la derecha, y están unidos, como hemos explicado anteriormente, por un haz de fibras nerviosas llamado cuerpo calloso, este haz de fibras mantiene los dos cerebros en contacto permanente. En cada uno de estos dos cerebros internos encontramos funciones diferentes, pero de entre ellas vamos a destacar dos distintas y complementarias: en el izquierdo se encuentran el área de Broca y el área de Wernicke, que son las que nos controlan el habla y la escritura; sin embargo, en el derecho, que no sabe hablar, se articula, básicamente, el mundo de las sensaciones no verbalizables, diríamos que es el que sabe sentir.

Esta función del cerebro izquierdo, el que habla, es básicamente lineal, lo cual es necesario para que podamos articular las palabras una detrás de la otra. Complementariamente, el cerebro derecho funciona de forma holística y cuántica y es capaz de experimentar muchas informaciones simultáneamente, lo que es propio de la sensación, que suele ser compleja y rica en información. Tenemos, pues, dos importantes funciones definidas: una es nuestra capacidad de hablar, y la otra, nuestra capacidad de sentir. Además, también tenemos la maquinaria, en forma de dos cerebros, para hacer que podamos realizar dichas funciones.

Por lo tanto, tenemos ya cumplidas dos de las finalidades de nuestros cerebros que definíamos al principio. Hemos visto que los dos cerebros internos nos facultan para hablar y para sentir, con lo cual podemos realizar funciones básicas como animal superior. Pero para evolucionar como ser humano, y separarnos de los primates, hemos tenido que desarrollar un tercer cerebro, que es el que comenzó a funcionar el día en que un antepasado nuestro empezó a hacer arte, tal vez dando golpes rítmicamente con un palo en un tronco, o a través de movimientos con el cuerpo evocando los latidos del corazón de su madre que lo protegía cuando estaba en el seno materno. Con variantes de este ritmo o de este movimiento con el cuerpo, hecho danza, empezó a expresar otros momentos o sensaciones de su vida, hasta poder establecer un relato sensológico y estético en el que se veía a sí mismo inmerso en un mar de sensaciones y podía fijar y transmitir esta experiencia vital y profunda a sus congéneres. Con este acto, nuestro predecesor se reflejó en la estética, como si esta fuera un espejo del alma, y pudo transmitir su conciencia de ser. Este fue el gran momento, nuestra gran epifanía como seres humanos y el nacimiento de nuestro tercer cerebro.

El cometido de dicho tercer cerebro es computar las percepciones estéticas y enviarlas a los dos cerebros internos biológicos, a los que está unido por un flujo continuo de sensaciones. Por lo tanto, las neuronas de este cerebro externo son las sensaciones estéticas que percibimos de nuestro entorno y de nosotros mismos. Evidentemente, según sea el nivel de nuestro desarrollo sensológico y estético, así funcionarán nuestros tres cerebros.

Este flujo continuo de información estética que nos proporciona nuestro tercer cerebro es lo que nos mantiene la ilusión de estar en un entorno vivo por las tensiones entre las diferentes percepciones estéticas. Si este flujo de información estética cesara, nuestro entorno sería como un decorado de cartón piedra sin un ápice de vida. Viviríamos incomunicados como en un autismo sensológico, pues nuestro cerebro interno no estaría alimentado de las sensaciones estéticas que nos proporciona nuestro tercer cerebro que son, además, las que nos hacen de espejo de nuestro sentir profundo y nos conectan con nuestro *genoma estético*, el cual nos enfrenta con nosotros mismos y nos hace evolucionar. Normalmente, no somos conscientes de esta vivencia estética del entorno hasta que, por alguna enfermedad mental o emocional, nos aislamos de ella.

Los filósofos griegos se ocuparon mucho de la estética; de hecho, todavía hoy, somos herederos de su pensamiento que se sigue teniendo en cuenta al impartir la asignatura de estética. Desgraciadamente, se ha perdido gran parte de la esencia que nos legó aquella sabiduría dos veces milenaria. La estética ha sido tomada como una asignatura del cerebro izquierdo, el que habla y el que escribe, cuando es una asignatura que afecta más al cerebro derecho, que es el que sabe sentir. Aunque, fundamentalmente, es una asignatura del tercer cerebro, que es el que sabe fijar y sentir las tensiones internas de la estética.

Estas tensiones internas de la estética, que como si fuera un milagro dan vida a nuestro entorno, hacen pensar que la estética está más cerca de la ciencia que de la filosofía. Pues lo que da valor y entidad a la estética son las referidas tensiones que se producen entre distintas percepciones sentidas simultáneamente: al recibir varias informaciones simultáneas, entre ellas se crean tensiones que podríamos llamar sensomecánicas. Tal vez, algún día, exista una física que nos las pueda explicar y traducir a números; entre tanto, sabemos que dichas tensiones son las que iluminan nuestra existencia y nuestro entorno, pues, sin ellas, todo nos parecería como sin vida.

Como ya se ha explicado anteriormente, el tercer cerebro es el cerebro que refleja la estética en el ser humano y el que le ha permitido, también, tener autoconciencia y evolucionar. Es el cerebro post cuántico, con un potencial inaudito, al ser capaz de crear los algoritmos más eficientes a partir de una serie de posibles superposiciones cuánticas.

La estética es una unidad compleja de sensación que contiene múltiples elementos que, al leerse simultáneamente, le confieren su alto valor como recipiente de grandes paquetes de información superpuestos (superposición cuántica) y de lectura simultánea. Lo que la instala en una situación que la aleja de la filosofía para colocarla de lleno en la ciencia más moderna.

Esta es la naturaleza del tercer cerebro. Un cerebro *post cuántico*, que trabaja con grandes paquetes de información a una velocidad inaudita y que, continuamente, nos está reflejando lo que estamos siendo y lo que podemos ser, así como lo que es todo y lo que todo puede ser, dando significado y emoción a nuestras palabras y fijándolas mejor en nuestra memoria larga.

LAS SENSACIONES, LA ESTÉTICA
Y EL ARTE EN LA ESCRITURA

Una sensación es el elemento básico que nos hace participar de la percepción. Es el momento en el que convivimos con su realidad a la que nos integramos. Esta vivencia de integración a ella o de ella en nosotros, la producen las tensiones creadas por la lectura simultánea de dos o más percepciones elementales simultáneas, cuyas tensiones producidas por la propia simultaneidad son las que le imprimen esta sensación de estar viva.

Cuando en un escrito se produce esta sensación de estar vivo, decimos que es una obra de arte literaria, bien sea prosa o poesía. Por otra parte, esta sensación de estar viva, hace que la integremos a nuestra propia vida, que se convierta en una parte de nosotros.

Hay una diferencia que quiero explicar para dejar clara la distinción entre: sensación, sensación estética y sensación artística. *Sensación* es la percepción simultánea de una serie unidades básicas de la percepción en tensión entre ellas. *Sensación estética* es la percepción simultánea de una serie de sensaciones en tensión entre ellas. *Sensación artística* es la percepción simultánea de una serie de sensaciones estéticas en tensión entre ellas. Vemos, por lo tanto, que una *obra de arte* está compuesta de múltiples *sensaciones estéticas* de lectura simultánea. Esta compleja lectura simultánea crea tensiones entre las diversas sensaciones estéticas, que llamaremos tensiones interestéticas. La lectura simultánea de dichas tensiones interestéticas es lo que produce el *efecto arte* al bloquear nuestra habitual forma de lectura lineal y abrir nuestra mente y nuestro cerebro a una lectura sensológica, global y cuántica.

Es importante conocer a fondo y de forma práctica la naturaleza de una sensación para poder penetrar más profundamente en su naturaleza y expresarla, fijarla, jugar con ella, cambiarla si es necesario y poder comunicar a través de la misma lo más profundo de nosotros utilizando la escritura.

Por ello, es importante haber aprendido a sentir las letras, las palabras, las oraciones, etc., para ser capaces de ligar todo un texto para que, como una sinfonía, vaya fijando en nuestra alma las sensaciones y emociones que el autor quiere transmitirnos.

Una sensación, aunque sea inaprensible e indescriptible, está en todas las vivencias y los actos de nuestra vida y en todas nuestras percepciones, pensamientos, sentimientos o emociones. Las sensaciones nos acompañan siempre. Son como nuestro hálito de vida. Pero si la educación literaria se dirige más al pensamiento, a la descripción, que a la transmisión de sensaciones, entonces, al alumno o al escritor, le será más difícil transmitir a través de la escritura las sensaciones de su mundo interior.

Un ejemplo claro de lectura simultánea de sensaciones es la percepción del sonido de un instrumento bien afinado, que al hacer sonar una nota esta se expresa con sus armónicos, por lo que son varias las notas oídas simultáneamente. Estas diferentes percepciones de sonido oídas al mismo tiempo, bloquean nuestra mente lineal verbal que solo sabe leer una información detrás de la otra y abre nuestra mente sensológica, global y cuántica, que sí sabe leer grandes paquetes de información de forma simultánea. Asimismo, por la misma mecánica, puede expresar informaciones complejas a través de la escritura y, de esta forma, a través de letras y palabras, fijar en el tiempo cualquier vivencia, emoción o sensación.

En el momento de la percepción de una obra de arte, en nuestro caso literaria, vivimos realmente una experiencia mágica en la que nos integramos a las sensaciones, de tal forma que estas nos dejan retenidos en el no-tiempo. Es la vivencia de la chispa del intercambio entre el artista y el espectador de su obra. Es el momento mágico en el que una expresión compleja se hace percepción y transmisión de vida. Esta misma chispa del intercambio entre la expresión estética con sus tensiones y la percepción simultánea de estas tensiones estéticas aplicadas a la narrativa de un entorno con unos personajes y unas historias, es lo que nos produce la vivencia de estar en el entorno vivo que nos transmite el narrador y nos hace conscientes de estar viviendo e integrando la vida de otras personas. Es la toma de conciencia de que existimos en un mundo en que todo está vivo y en el que lo mental, lo sensológico y lo estético se materializa a través de nuestros tres cerebros. Esta vivencia, casi imperceptible, de cuando la sensación cambia de percepción a expresión o de expresión a percepción, es un momento cuántico indescriptible. Es el momento de máxima creatividad del ser humano y del milagro de la toma de conciencia de la inteligencia de estar existiendo.

APRENDER A TRAVÉS DE SENSOJUEGOS DIDÁCTICOS

Los sensojuegos son básicos en cualquier pedagogía. Nos conducen a otra lógica de la enseñanza, a otra forma de aprender, más integral, divertida, compleja y profunda.

Se llaman sensojuegos porque son un tipo especial de experiencias prácticas que le hacen un juego al cerebro a partir de percibir, expresar y combinar, sensaciones del tercer cerebro y enviarlas a los otros dos. Además, si los realizamos conjuntamente con otras personas, pueden ser pedagógicos, lúdicos y competitivos como cualquier juego de mesa. Con los sensojuegos podemos expresar, fijar y analizar todas las sensaciones de las letras, las palabras, las frases, los párrafos y los libros completos, sean de ficción, poesía u otro tipo de texto.

Una sensación, recordemos, no puede explicarse, solo expresarse. La peculiaridad más importante de una sensación es que no tiene tiempo o, dicho de otro modo, está dentro del canal del tiempo. Una sensación se percibe en el riguroso presente, pues entre pasado y futuro no hay un tiempo mensurable, sino simplemente una eterna dinámica; además, se produce fuera del tiempo, por esto no podemos retenerla con conceptos o descripciones. «Una sensación solo puede expresarse a través de otra sensación generada en el mismo instante sin tiempo de percibir la primera», esta es la mecánica básica de los sensojuegos: una sensación percibida a través de un soporte expresivo, que se expresa a través de otro soporte expresivo, que debe producir la misma sensación, en este caso, unas letras, unas palabras o toda una obra literaria.

La única forma de obligarnos a sentir, y no solo a pensar, es apremiándonos a sentir una sensación para poder expresarla con otro soporte expresivo diferente; por ejemplo, sentir las sensaciones de dos palabras distintas y expresarlas a través de dos expresiones con el cuerpo. Cada movimiento con el cuerpo debe expresar una de las sensaciones escritas, de manera que todo el mundo pueda acertar cuál corresponde a cuál. Puede hacerse con todos los sentidos y con las percepciones mentales o emocionales. Todo tiene su contraparte sensológica y todo podemos expresarlo con sensaciones. No estamos acostumbrados a hacerle este juego de sensaciones al cerebro, pero aquí vamos a hacerlo a través de los sensojuegos.

Cuando empezamos a hablar, aprendemos a fijar en nuestro cerebro la vivencia de nuestras experiencias a través del lenguaje, con el cual podemos describir y transmitir dichas vivencias. Esto ha permitido al ser humano evolucionar y crear las diferentes culturas.

Cada cultura ha creado sus códigos de vida y de conducta. Vivir en una determinada cultura implica seguir sus códigos, lo cual, a veces, puede ser una fuente de conflictos y enfrentamientos, aunque también un estímulo a la creatividad, a la regeneración y a la evolución. Los sensojuegos los he diseñado para aportar esta creatividad que cada persona y cada sociedad es capaz de producir y como una herramienta eficaz para que, de forma práctica, amena y sencilla, vayamos desarrollando los mecanismos naturales de los que estamos dotados, pero que no conocíamos y, por lo tanto, no podíamos activar. En este punto,, la actuación del tercer cerebro es fundamental, pues de él dependen las sensaciones estéticas que expresamos a través de los sensojuegos.

El desarrollo personal que puede lograrse a través de las herramientas propuestas en la segunda parte del libro, dedicado a las experiencias prácticas, nos permitirá ampliar en profundidad nuestra propia experiencia de estar viviendo. Pero hemos de tener en cuenta que esta experiencia que se vive a través de las referidas herramientas, no es conceptual sino sensológica. Es la pura sensación de la experiencia de cada instante del estar viviendo y de nuestras relaciones más sutiles con nosotros mismos, con nuestros congéneres y con los demás seres vivos y elementos de la naturaleza.

Esto es lo que vamos a poder fijar y transmitir en forma de vivencia y no solo su descripción. Ello va a estimularnos para que seamos los creadores de nuestra propia vida, sin restricciones, y estemos abiertos a cualquier experiencia. La creatividad es la compañera del que ama y siente la vida y le ayuda a que esta pueda convertirse en un viaje fascinante.

Por lo tanto, un factor fundamental de la enseñanza a través de los sensojuegos, como ya hemos visto anteriormente, es la formación integral del alumno, que, en el caso del escritor, aprenderá a expresar, fijar y analizar todas las sensaciones de su vida y a expresarlas a través de las percepciones, partiendo de las sensaciones de las palabras.

De esta forma, al conjuntar la adquisición de conocimientos con la formación y el desarrollo integral como persona, el alumno es capaz de crearse él mismo las preguntas, trascendentales o no, que serán claves en su desarrollo como persona y como creador.

En sensología no se formulan preguntas al alumno, sino que se le dan herramientas para que él necesite formulárselas y responderlas como algo personal; de esta forma, cada respuesta pasa a ser parte de sí mismo.

El sensojuego se puede realizar en grupo o con un solo jugador. En el caso de jugar solo, hará él todas las jugadas y las acciones creativas.

SOPORTES EXPRESIVOS

El sentir es casi tan inmaterial como el alma misma. Cuando sentimos, inmediatamente percibimos en nuestro cuerpo reacciones hormonales, nerviosas o de los sentidos, que nos hacen pensar que el sentir son estas percepciones. Pero sentir es un fenómeno cuántico que se produce al percibir varias informaciones simultáneas. Como ya hemos visto, la diferencia entre la informática clásica y la informática cuántica. En una, la que todos conocemos y utilizamos, la información es a través de *bits* y es lineal, en la otra, la información es a través de *cubits* y es cuántica, pues el *cubit* es dos o más unos y ceros superpuestos leídos simultáneamente, tal como sucede en los sensojuegos.

Para sentir y *fijar* mejor las vivencias cuánticas que se proponen en los sensojuegos a través de la escritura, cada sensojuego lo vas a repetir varias veces expresándolo con diferentes soportes expresivos (un soporte expresivo es el medio a través del cual se expresa una sensación) para poder impregnarte completamente de cada sensación a través de todos los sentidos. Por lo tanto, es muy importante que realices las diez variantes de cada sensojuego con los diez soportes expresivos que describo a continuación:

1. Contenedores de espacio (*envases*)
2. Expresión plástica (*pintura, dibujo y escultura*)

3. Sonido (*con la voz o un instrumento, forma de pronunciar una palabra*)
4. Tacto (*tocando una textura, tocando a una persona*)
5. Expresión corporal (*con una parte del cuerpo, con la danza*)
6. Olor (*oliendo*)
7. Sabor (*saboreando*)
8. Espacio (*categorías de espacio*)
9. Tiempo (*categorías de tiempo*)
10. Espacio-tiempo (*categorías de espacio y tiempo integradas*)

Al realizar cada sensojuego en las diez modalidades, todos los juegos se multiplican por diez, por lo que tienes 260 sensojuegos distintos, pero el planteamiento también será distinto dependiendo de las letras, las palabras, las oraciones o los textos que quieras expresar, por lo que nunca repetirás el mismo juego. A continuación, te hago una descripción detallada de la naturaleza de los diez soportes expresivos que vas a utilizar:

1. *Contenedores de espacio*. Coge unos envases que tengas por la casa como un bote de mermelada vacío, un frasco de pastillas vacío con tapa o sin tapa, una cajita de cartón, de plástico... ver el ejemplo de la figura 1.

Figura 1

Ya en la fotografía puedes apreciar las distintas sensaciones que te produce imaginar estar dentro de uno de estos envases o dentro de otro. Observarás que, en la figura 1, abajo a la izquierda, hay dos cajitas, una con la tapa bastante abierta y otra que está casi cerrada. Si sientes las sensaciones que te producen ambas al imaginarte estar dentro de ellas, verás que son completamente distintas. Si haces un sonido que exprese lo que sientes al estar dentro de una o al estar dentro de la otra, verás que haces dos sonidos distintos. También es significativa la diferencia entre estar dentro del bote de cristal grande o en uno pequeño o en las botellitas oscuras.

2. *Expresión plástica*. A través del dibujo, la pintura o la escultura, expresarás las mismas sensaciones que estés sintiendo con las letras y las palabras. Para ello, dibujarás, pintarás o modelarás un mismo objeto que, por su forma, trazo, textura o color, tiene que expresar las mismas sensaciones que las sentidas en el sensojuego con cada propuesta. El jugador de tu izquierda determinará con qué medio expresarás las distintas sensaciones.

3. *Sonido*. Expresa unos sonidos con la voz o con un instrumento que te produzca las mismas sensaciones que estés sintiendo en el sensojuego a través de las letras y las palabras propuestas. El jugador de tu izquierda determinará con qué medio expresarás las distintas sensaciones.

4. *Tacto*. Busca una serie de objetos con textura distinta que, al tocarlos, te produzcan sensaciones distintas. En el sensojuego tratarás de elegir los objetos que, al tocarlos, te produzcan las sensaciones más parecidas a las producidas por las letras o las palabras.

5. *Expresión corporal*. Con una parte del cuerpo o con todo el cuerpo, expresarás la misma sensación que te hagan sentir las letras y las palabras de cada propuesta del sensojuego. El jugador de tu izquierda determinará con qué parte del cuerpo expresarás las sensaciones de las distintas propuestas.

6. *Olor*. Recopila diferentes elementos con olores distintos como alimentos, pinturas, plantas o flores. Entre estos elementos deberás escoger, los que más se parezcan a las sensaciones escritas o habladas experimentadas en el sensojuego.

7. *Sabor*. Recoge diferentes elementos que, por su sabor, expresen sensaciones distintas. Pueden ser elementos comestibles o no, pero que tengan sabor y no sean nocivos para la persona. Escogerás los que sientas que su sabor te haga sentir lo mismo o parecido a cada sensación escrita o hablada propuesta en el sensojuego.

8. *Espacio*. Siente las sensaciones que experimentas con las letras y las palabras y expresa cada una con una fórmula de espacio distinta que te haga sentir lo mismo que la propuesta del sensojuego.

Para ello puedes ver el listado de Categorías de Espacio (pág. 35). Serán los espacios (A) y (B). Por ejemplo:

(A)= A-3 / B-4 / C-5 / D-4

Será un espacio: ANCHO + FLUIDO + IZQUIERDA + SILEN-CIOSO.

(B)= A-4 / B-3 / C-1 / D-2

Será un espacio: ESTRECHO + DENSO + ARRIBA + DURO.

Si estos espacios los visualizas, los sientes y los comparas entre sí, te darás cuenta de la expresividad del espacio en el que estás inmerso y cómo te influye sentirlo y reflejarte estéticamente en él.

Al sentir simultáneamente las sensaciones de las cuatro categorías que componen un espacio, (A), (B), (C) y (D), se produce una superposición cuántica, que es lo que te hace sentir el espacio como algo vivo. Podríamos decir que cada diferente espacio que estás percibiendo continuamente es una obra de arte, y la sucesión de espacios que vas creando a través de las diferentes sensaciones de la escritura, configura un gran concierto. Solo tienes que estar atento y ser consciente de lo que estás viviendo y expresando. Es muy importante para tu mente aprender a sentir el espacio, pues es un elemento expresivo de primer orden.

9. *Tiempo*. cada sensación que experimentas de una letra, una palabra o todo un texto, la expresas con una fórmula de tiempo distinta que hace sentir lo mismo. Para ello puedes ver el listado de Categorías de Tiempo (pág. 37). Serán los tiempos (A) y (B). Por ejemplo:

(A)= *a-2 / b-1 / c-3 / d-2*

Será un tiempo: *atrás + lento + quebrado + corto.*

(B)= *a-1 / b-2 / c-1 / d-4*

Será un tiempo: *adelante + rápido + recto + eterno.*

Si estos tiempos los visualizas, los sientes y lo comparas entre sí, te darás cuenta de la expresividad del tiempo en el que estás inmerso y cómo te está influyendo en tu continuo el sentirlo y reflejarte estéticamente en él.

Al sentir simultáneamente las sensaciones de las cuatro categorías de tiempo que analizas, (a), (b), (c) y (d), se produce una *superposición cuántica,* que es lo que te hace sentir el tiempo como algo vivo. Podríamos decir, de nuevo, que cada diferente tiempo que estas percibiendo continuamente es una obra de arte, y la sucesión de tiempos que vas creando a través de la escritura configuran un gran concierto. Solo tienes que estar atento y ser consciente de la maravilla que estás viviendo a través de las letras y las palabras.

Es muy importante para tu mente la percepción de las sensaciones de tiempo, ya que es un elemento expresivo muy importante. Simplemente observando la sensación de tiempo de leer una palabra o todo un párrafo te darás cuenta de cómo el tiempo influye en tus emociones.

10. *Espacio-tiempo*. Las diferentes sensaciones que experimentas en el sensojuego las expresas a través de una fórmula de espacio-tiempo. Para ello puedes ver el listado de Categorías de Espacio y de Tiempo (pág. 35 y 37). Serán los espacio-tiempos (A) y (B). Por ejemplo:

ESPACIO: (A)= A-3 / B-2 / C-7 / D-4

Tiempo: (A)= a-5 / b-2 / c-3 / d-1

Será un espacio-tiempo: ANCHO/*derecha* + PLANO/*rápido* + INTERIOR/*quebrado* + SILENCIOSO/*largo*.

ESPACIO: (B)= A-4 / B-6 / C-8 / D-3

Tiempo: (B)= a-2 / b-1 / c-1 / d-2

Será un espacio-tiempo: ESTRECHO/*atrás* + ROTO/*lento* + EXTERIOR/*recto* + RUIDOSO/*corto*.

Si estos espacio-tiempos los visualizas, los sientes y los comparas entre sí, te darás cuenta de la expresividad del espacio-tiempo en el que estás inmerso y cómo te está influyendo en tu creatividad, al expresar a través de la escritura este continuo sentirlo y reflejarte estéticamente en él.

Al sentir simultáneamente las sensaciones de las cuatro categorías de espacio y de tiempo que analizas, se produce una *superposición cuántica* que es lo que te hace sentir el espacio-tiempo como algo vivo. Podríamos decir, una vez más, que cada diferente espacio-tiempo que estás percibiendo continuamente es una obra de arte, y la sucesión de espacio-tiempos que vas percibiendo configura una gran sinfonía. Solo tienes que estar atento y ser consciente de lo que estas viviendo y expresarlo a través de las sensaciones de las letras y las palabras.

Es muy importante para tu mente la percepción conjunta de espacio y de tiempo. Con ello adquieres plena conciencia de estar viviendo cada momento de tu existencia y de la fluctuación creativa de los distintos elementos de tu entorno.

Puedes escoger el sensojuego con el soporte expresivo que más te guste, aunque lo más aconsejable, para tener una buena formación sensológica, es realizarlos todos con los diferentes soportes expresivos indicados.

Para los soportes expresivos de espacio y de tiempo, a continuación, adjunto unos listados de *Categorías de Espacio* y de *Categorías de Tiempo* (pág. 35 y 37), a través de los cuales podrás crear fórmulas que expresarán cualquier sensación a través de las diferentes combinaciones de las diferentes categorías de espacio, de tiempo o de espacio-tiempo.

Al realizar cada sensojuego en las diez modalidades, los juegos del libro se multiplican por diez. Por otra parte, un sensojuego nunca es igual, ya que siempre depende de las propuestas que hagáis los jugadores, que sois, realmente, quienes lo construís. Por lo tanto, por muchas veces que se juegue con cada uno, siempre es un juego distinto.

EJEMPLO DE OBJETOS PARA DIBUJAR Y PINTAR

Dibujar dos:

1. MESAS
2. PLATOS
3. JARRONES
4. GAFAS
5. CASAS
6. VESTIDOS
7. FUEGOS
8. CABALLOS
9. SETAS
10. SILLAS
11. FLORES
12. ÁRBOLES
13. BOTELLAS
14. COCHES
15. CATARATAS
16. BARCOS
17. CAMAS
18. ZAPATOS

19. MONTAÑAS
20. RÍOS   :
ETC.

...que expresen las sensaciones propuestas en el sensojuego.
Añadir más objetos al listado. Es aconsejable añadir objetos que formen parte de la vida de los jugadores.

LISTADO DE SENSACIONES

1-Sentirse solo, **2**-Una serpiente reptando, **3**-Una catedral enorme, **4**-Ser Drácula, **5**-Picor en el cuerpo, **6**-Correr saltando, **7**-PROPÓN UNA SENSACIÓN, **8**-Tener mucho calor, **9**-Un jarrón roto, **10**- Niebla espesa en el mar, **11**-Olor a sardinas asadas, **12**-El sabor del azúcar, **13**-Tocar el hielo, **14**-Ser Elvis Presley, **15**-Peinarse, **16**-Caminar a la pata coja, **17**-Un sol muy fuerte, **18**-Caminar sobre grava, **19**-PROPÓN UNA SENSACIÓN, **20**-Una bombilla apagada, **21**-Una araña gigante caminando hacia ti, **22**-Una iglesia pequeña y sombría, **23**-Olor a sudor, **24**-Comer un yogur sin azúcar, **25**-El tacto del cordel de esparto, **26**-Sentirse deprimido, **27**-La lluvia refrescante, **28**-Desnudarse, **29**-Una gran escultura de hierro, **30**-Olor a estiércol, **31**-Una gaviota volando, **32**-Unos zapatos que aprietan, **33**-PROPÓN UNA SENSACIÓN, **34**-Quemarse, **35**-Estar enfadado, **36**-Coger un hilo de seda, **37**-Rascarse los pies, **38**-Una golondrina volando, **39**-El sabor de la nata con fresas, **40**-Una comida muy picante, **41**-Un elefante corriendo, **42**-PROPÓN UNA SENSACIÓN, **43**-Un mar transparente, **44**-Un sol muy fuerte, **45**-Un tsunami, **45**-Tirarse del pelo, **46**-Ser Batman, **47**-Una bombilla rota, **48**-Oír un trueno, **50**- El frío del hielo, **51**-Llorar, **52**-Correr muy rápido, **53**-Caminar con mucho viento, **54**-PROPÓN UNA SENSACIÓN, **55**-Una catedral gótica, **56**-Pasear bajo la lluvia en verano, **57**-El sabor de la miel, **58**-Cortarse el pelo, **59**-La niebla en medio del bosque, **60**-Jugar al *ping-pong*, **61**-Tragar saliva, **62**-PROPÓN UNA SENSACIÓN, **63**-Resbalar en el suelo mojado, **64**-Muchas abejas revoloteando, **65**-Un globo que sube y sube, **66**-PROPÓN UNA

SENSACIÓN, **67**-Tocar el papel de celulosa, **68**-Una chabola, **69**-Ir bajo la lluvia en invierno, **70**-Zambullirse en el mar, **71**-El sabor del limón, **72**-Unas gafas de sol verdes, **73**-Estar nervioso, **74**-El olor a carne asada, **75**-Sentirse dentro de la oreja, **76**-Una gallina corriendo, **77**-Una cortina negra, **78**-Caminar muy deprisa, **79**-Un volcán en erupción, **80**-Muchos mosquitos picando, **81**-PROPÓN UNA SENSACIÓN, **82**-Comer mucha lechuga, **83**-Los zapatos que te están grandes, **84**-Una fuente seca y tener sed, **85**-El olor a perfume, **86**-Estar con fiebre en la cama, **87**-PROPÓN UNA SENSACIÓN, **88**-Una alfombra suave y blanda, **89**-Caminar boca abajo, **90**-Una granizada, **91**-Ver muchos rayos, **92**-El tacto suave de la seda, **93**-Un castillo encantado, **94**-Caminar hacia atrás, **95**-Una tormenta de verano, **96**-El sabor a fresa, **97**-Mirar un rascacielos, **98**-PROPÓN UNA SENSACIÓN, **99**-Una escultura de mármol rota, **100**-Estar en una fiesta mayor, **101**-Unas braguitas de mujer, **102**-Estar relajado, **103**-El tacto de la goma, **104**-El trasero estando sentado, **105**-Muchos peces grandes, **106**-El olor a ajo, **107**-PROPÓN UNA SENSACIÓN, **108**-Una escalera de caracol, **109**-Ser Superman, **110**-Tocar la tierra, **111**-El sabor del pan recién hecho, **112**-Un abrigo grande negro, **113**-Caminar por la arena, **114**-El olor a humo de leña, **115**-PROPÓN UNA SENSACIÓN, **116**-Tres delfines saltando, **117**-La red de Internet, **118**-Caminar dentro del agua, **119**-Un río estrecho y rápido, **120**- Rascarse la cabeza, **121**-Una ballena soplando, **122**-El sabor del chocolate, **123**- Estar muerto, **124**-Una nube muy pequeñita, **125**-Olor a gas, **126**-Rascarse el ojo, **127**-Unas medias de seda, **128**-El tacto del agua, **129**-Un puente levadizo subiendo, **130**-Despacio, muy despacio, **131**-PROPÓN UNA SENSACIÓN, **132**-Caminar por la nieve, **133**-Un cuadro de Picasso, **134**-Caminar sobre una barca, **135**-Fuego en el bosque, **136**-El olor de las flores, **137**-Una casa de muñecas, **138**-Ser Jesucristo, **139**-Un salón con poca luz, **140**-Sentirse divertido, **141**-Unos calzoncillos afelpados, **142**-PROPÓN UNA SENSACIÓN, **143**-El tacto de la madera, **144**-La lengua dentro de la boca, **145**-Un perro rabioso, **146**-El sabor de la leche, **147**-Un pájaro corriendo, **148**-El sabor del pan tostado, **149**-

Despertarse por la mañana, **150**-Los pulmones al respirar, **151**-Las olas del mar embravecido, **152**-El olor a cebolla, **153**-PROPÓN UNA SENSACIÓN, **154**-Deslizarse por un tobogán, **155**-Las luces de la discoteca, **156**-Caminar por arena gruesa, **157**-Un pasadizo largo y estrecho, **158**-Subir escaleras, **159**-PROPÓN UNA SENSACIÓN, **160**-Una cárcel sombría, **161**-Estar cansado, **162**-El tacto del cristal, **163**-Un castillo muy grande, **164**-Caminar por el barro, **165**-Grandes flores rojas, **166**-Tomar el sol en la playa, **167**-Una gallina cacareando, **168**-El tacto del papel de lija, **169**-Caminar muy deprisa, **170**-La casa de la risa, **171**-Una montaña muy grande, **172**-El sabor a la naranja, **173**-PROPÓN UNA SENSACIÓN, **174**-Una pelota de fútbol, **175**-Subir escaleras, **176**-Gafas de sol de espejo, **177**-Estar enamorado, **178**-Una cortina transparente, **179**-Sentir dentro de la cabeza, **180**-El tacto de la lana, **181**-PROPÓN UNA SENSACIÓN, **182**-Caminar sobre mármol, **183**-Diez mil moscas revoloteando, **184**-El sabor de patatas hervidas, **185**-Una cabaña en el bosque, **186**-Una fuente cantarina, **187**-PROPÓN UNA SENSACIÓN, **188**-Unas botas de agua, **189**-Oír una voz de tenor, **190**-Olor a viento, **191**-Una alfombra suave y blanda, **192**-Una broza en un ojo, **193**-Un gran amor oculto, **194**-Caminar sobre cantos rodados, **195**-El canto del ruiseñor, **196**-El tacto del terciopelo, **197**-Una casa bombardeada, **198**-PROPÓN UNA SENSACIÓN, **199**-El sabor de la nata, **200**-El viento helado del invierno.

CATEGORÍAS DE ESPACIO

A. Por su estructura:

1. Alto
2. Bajo
3. Ancho
4. Estrecho   Básicos para configurar un espacio
5. Largo
6. Corto
7. Grande
8. Pequeño

B. Por su expresión física:

1. Curvo
2. Plano
3. Denso   Todos ellos tienen una relación directa con el tiempo
4. Fluido
5. Continuo
6. Roto
7. Simultáneo Varios espacios que se perciben al mismo tiempo
8. Sucesivo   Varios espacios ligados

C. Por su lateralidad:

1. Arriba
2. Abajo
3. Delante   Varios de estos crean tensiones oblicuas
4. Detrás
5. Izquierda
6. Derecha
7. Interior   Combinados crean tensiones de situación
8. Exterior

D. Por sus atributos sensoriales:

1. Blando
2. Duro
3. Ruidoso   Cada uno de ellos puede subdividirse en múltiples
4. Silencioso   categorías
5. Cálido
6. Frío
7. Temporal
8. Sin tiempo

De cada grupo **A**, **B**, **C**, **D** se debe tomar un elemento para formar una unidad de tiempo sensológico. Ejemplo: *A-1 / B-5 / C-6 / D-6*

Esta fórmula del ejemplo determina: un espacio; *Alto / Continuo / Derecha / Frío*.

CATEGORÍAS DE TIEMPO

A. Por su situación:

1. Adelante
2. Atrás
3. Abajo
4. Arriba
5. Derecha
6. Izquierda

B. Por su velocidad:

1. Lento
2. Rápido
3. Rígido
4. Fluido

C. Por su recorrido:

1. Recto
2. Curvo
3. Quebrado

D. Por su duración

1. Largo
2. Corto
3. Medio
4. Eterno
5. No-tiempo

Se pueden estar sintiendo varios tiempos a la vez.

De cada grupo **A**, **B**, **C**, **D** se debe tomar un elemento para formar una unidad de tiempo sensológico. Ejemplo: *A-1 / B-2 / C-3 /D-2*

Ello nos da un tiempo; *Adelante / Rápido / Quebrado / Corto*.

SIENTO LAS LETRAS

PON DOS DEDOS SOBRE DOS LETRAS Y EXPRESA CON
OTRO SOPORTE EXPRESIVO LA SENSACIÓN QUE CADA LETRA
TE HACE SENTIR

(A) – (B) – (C) – (D) – (E) – (F) – (G) – (H) – (I) – (J) – (K) – (L) – (M) – (N) – (Ñ) – (O) – (P) – (Q) – (R) – (S) – (T) – (U) – (V) – (W) – (X) – (Y) – (Z) – (a) – (b) – (c) – (d) – (e) – (f) – (g) – (h) – (i) – (j) – (k) – (l) – (m) – (n) – (ñ) – (o) – (p) – (q) – (r) – (s) – (t) – (u) – (v) – (x) – (y) – (z) – (A) – (B) – (C) – (D) – (E) – (F) – (G) – (H) – (I) – (J) – (K) – (L) – (M) – (N) – (Ñ) – (O) – (P) – (Q) – (R) – (S) – (T) – (U) – (V) – (W) – (X) – (Y) – (Z) – (a) – (b) – (c) – (d) – (e) – (f) – (g) – (h) – (i) – (j) – (k) – (l) – (m) – (n) – (ñ) – (o) – (p) – (q) – (r) – (s) – (t) – (u) – (v) – (x) – (y) – (z) – (A) – (B) – (C) – (D) – (E) – (F) – (G) – (H) – (I) – (J) – (K) – (L) – (M) – (N) – (Ñ) – (O) – (P) – (Q) – (R) – (S) – (T) – (U) – (V) – (W) – (X) – (Y) – (Z) – (a) – (b) – (c) – (d) – (e) – (f) – (g) – (h) – (i) – (j) – (k) – (l) – (m) – (n) – (ñ) – (o) – (p) – (q) – (r) – (s) – (t) – (u) – (v) – (x) – (y) – (z) – (A) – (B) – (C) – (D) – (E) – (F) – (G) – (H) – (I) – (J) – (K) – (L) – (M) – (N) – (Ñ) – (O) – (P) – (Q) – (R) – (S) – (T) – (U) – (V) – (W) – (X) – (Y) – (Z) – (a) – (b) – (c) – (d) – (e) – (f) – (g) – (h) – (i) – (j) – (k) – (l) – (m) – (n) – (ñ) – (o) – (p) – (q) – (r) – (s) – (t) – (u) – (v) – (x) – (y) – (z) – (A) – (B) – (C) – (D) – (E) – (F) – (G) – (H) – (I) – (J) – (K) – (L) – (M) – (N) – (Ñ) – (O) – (P) – (Q) – (R) – (S) – (T) – (U) – (V) – (W) – (X) – (Y) – (Z) – (a) – (b) – (c) – (d) – (e) – (f) – (g) – (h) – (i) – (j) – (k) – (l) – (m) – (n) – (ñ) – (o) – (p) – (q) – (r) – (s) – (t) – (u) – (v) – (x) – (y) – (z) – (A) – (B) – (C) – (D) – (E) – (F) – (G) – (H) – (I) – (J) – (K) – (L) – (M) – (N) – (Ñ) – (O) – (P) – (Q) – (R) – (S) – (T) – (U) – (V) – (W) – (X) – (Y) – (Z) – (a) – (b) – (c) – (d) – (e) – (f) – (g) – (h) – (i) – (j) – (k) – (l) – (m) – (n) – (ñ) – (o) – (p) – (q) – (r) – (s) – (t) – (u) – (v) – (x) – (y) – (z)

– (A) – (B) – (C) – (D) – (E) – (F) – (G) – (H) – (I) – (J) – (K) – (L) – (M) – (N) – (Ñ) – (O) – (P) – (Q) – (R) – (S) – (T) – (U) – (V) – (W) – (X) – (Y) – (Z) – (a) – (b) – (c) – (d) – (e) – (f) – (g) – (h) – (i) – (j) – (k) – (l) – (m) – (n) – (ñ) – (o) – (p) – (q) – (r) – (s) – (t) – (u) – (v) – (x) – (y) – (z) – (A) – (B) – (C) – (D) – (E) – (F) – (G) – (H) – (I) – (J) – (K) – (L) – (M) – (N) – (Ñ) – (O) – (P) – (Q) – (R) – (S) – (T) – (U) – (V) – (W) – (X) – (Y) – (Z) – (a) – (b) – (c) – (d) – (e) – (f) – (g) – (h) – (i) – (j) – (k) – (l) – (m) – (n) – (ñ) – (o) – (p) – (q) – (r) – (s) – (t) – (u) – (v) – (x) – (y) – (z) – (A) – (B) – (C) – (D) – (E) – (F) – (G) – (H) – (I) – (J) – (K) – (L) – (M) – (N) – (Ñ) – (O) – (P) – (Q) – (R) – (S) – (T) – (U) – (V) – (W) – (X) – (Y) – (Z) – (a) – (b) – (c) – (d) – (e) – (f) – (g) – (h) – (i) – (j) – (k) – (l) – (m) – (n) – (ñ) – (o) – (p) – (q) – (r) – (s) – (t) – (u) – (v) – (x) – (y) – (z)

SIENTO MIS SENSACIONES PROFUNDAS
PON UN DEDO AL AZAR SOBRE UNA VIVENCIA

SIENTO MIS EMOCIONES – MIS SENTIMIENTOS – MIS SENSA-
CIONES – MIS DESEOS – MIS TEMORES – MIS MIEDOS – MIS TE-
RRORES – MIS SOLEDADES – MIS AMORES – MIS ENAMORA-
MIENTOS – MIS CELOS – MIS ODIOS – MIS ARTES – MIS
SACRALIZACIONES – MIS FES – MIS DOLORES – MIS PLACERES
– MIS INDIFERENCIAS – PROPÓN UNA QUE NO ESTÉ – MIS EN-
VIDIAS – MIS RENCORES – MIS ANSIAS DE PODER – MIS BON-
DADES – MIS MALDADES – MIS ALEGRÍAS – MIS TRISTEZAS –
MIS AÑORANZAS – MIS FRUSTRACIONES – MIS MELANCOLÍAS –
MIS DESESPERACIONES – MIS ILUSIONES – MIS ESPERANZAS –
– MIS INSPIRACIONES – MIS PASIONES – PROPÓN UNA QUE NO
ESTÉ – MIS EGOÍSMOS – MIS VANIDADES – MIS IRAS – MIS SO-
BERBIAS – MIS FES– MIS INCERTIDUMBRES – MIS EGOISMOS –
MIS TEMORES – MIS HUMILDADES – MIS EMOCIONES – MIS SEN-
TIMIENTOS – MIS MIEDOS – MIS SENSACIONES – MIS DESEOS –
MIS ASPIRACIONES – MIS TERRORES – PROPÓN UNA QUE NO
ESTÉ – MIS SOLEDADES – MIS AMORES – MIS DOLORES – MIS
ENAMORAMIENTOS – MIS CELOS – MIS ODIOS- MIS SACRALIZA-
CIONES – MIS ARTES – MIS INCERTIDUMBRES – MIS PLACERES
– MIS INDIFERENCIAS – MIS ENVIDIAS – MIS RENCORES – MIS
ANSIAS DE PODER – MIS BONDADES – MIS MALDADES – MIS
ALEGRÍAS – MIS TRISTEZAS – MIS AÑORANZAS – MIS FRUSTRA-
CIONES – MIS MELANCOLÍAS – MIS DESESPERACIONES – PRO-
PÓN UNA QUE NO ESTÉ – MIS ILUSIONES – MIS ESPERANZAS –
MIS INSPIRACIONES – MIS PASIONES – MIS EGOÍSMOS – MIS
VANIDADES – MIS SOBERBIAS – MIS INCERTIDUMBRES – MIS
EGOISMOS – MIS ARREPENTIMIENTOS – MIS ASPIRACIONES –
MIS HUMILDADES – MIS EMOCIONES – MIS DESEOS – MIS SEN-
SACIONES – MIS SENTIMIENTOS – MIS TEMORES – MIS MIEDOS
– MIS TERRORES – MIS SOLEDADES – MIS AMORES – MIS CE-
LOS – MIS ODIOS – MIS ENAMORAMIENTOS – MIS SACRALIZA-
CIONES – MIS ARTES – MIS FES – MIS DOLORES – MIS PLACE-
RES – PROPÓN UNA QUE NO ESTÉ – MIS INDIFERENCIAS – MIS
BONDADES – MIS MALDADES – MIS ALEGRÍAS

PRIMERA SERIE DE SENSOJUEGOS

APRENDER A SENTIR Y A EXPRESAR JUGANDO
LAS SENSACIONES DE LAS LETRAS
Y LAS PALABRAS

1. SENTIR Y EXPRESAR LA SENSACIÓN DE DOS LETRAS CON OTRO SOPORTE EXPRESIVO

El primer sensojuego que realizarás consistirá en sentir las letras de tu idioma. Es importante sentirlas porque te familiarizarás con ellas y ya no te serán ajenas cuando tengas que expresar las diferentes palabras o frases con otro apoyo expresivo como, por ejemplo, la pintura, la expresión corporal, la danza, los olores, el sonido, etc.

Este sensojuego lo puedes realizar solo o en grupo. Si juegas solo, harás tú todas las búsquedas y las acciones creativas. Si juegas en grupo, se reparten los roles y los otros avanzan contigo y confirman tus aciertos.

SENSOJUEGO 1

APRENDER A SENTIR Y A EXPRESAR LAS SENSACIONES DE LAS LETRAS

Reglas del juego

1. En este sensojuego se trata de sentir y expresar con otro *soporte expresivo*, por ejemplo, pintando, bailando, con olores, etc., las letras del alfabeto que se vayan eligiendo por parejas. Las letras pueden ser mayúsculas o minúsculas (pág. 38-39). Esto facilitará, en sensojuegos posteriores, la percepción sensológica de palabras, frases o de un libro entero.

2. El jugador de la derecha del jugador de turno escoge, aleatoriamente, señalando con el dedo, dos letras del listado de la página 38-39. Las letras pueden ser mayúsculas o minúsculas, por ejemplo: M / i, y las escribe en un papel.

3. Normalmente, el juego se hace con dos letras, pero si se quiere añadir más dificultad se puede hacer con tres o más.

4. El jugador de la izquierda del jugador de turno elige el soporte expresivo, de la (a) a la (j) (pág. 27 a 33), con el que el jugador de turno expresará las dos o más letras elegidas.

5. Se puede determinar una sola modalidad para toda la partida, por ejemplo, *Expresión corporal.* Todas las sensaciones de las dos o más letras elegidas deberán expresarse con esta modalidad.

6. También se puede realizar el juego expresando las dos letras elegidas con cada uno de los soportes expresivos de la (a) a la (j).

7. Con el soporte expresivo elegido, el jugador de turno expresará, de forma aleatoria, las letras que se han determinado, sin decir a los demás jugadores cuál corresponde a cuál.

8. Una vez que el jugador de turno ha expresado las dos letras con el soporte expresivo elegido, por ejemplo, la expresión primera es la (M) y la segunda la (i), los demás jugadores tienen que determinar a qué expresión corresponde cada letra.

9. Cada jugador que acierte se lleva dos puntos, y el jugador de turno se lleva uno por cada jugador que haya acertado.

10. Gana el jugador que llega antes a los puntos acordados o el que, en el tiempo de juego determinado previamente, haya acumulado más puntos.

11. También los jugadores pueden crear sus propias reglas de competición y usar un tablero y unas fichas de otro juego.

12. Se repetirá el sensojuego, con soportes expresivos distintos, hasta que todos los jugadores lo dominen.

Al realizar varias veces este sensojuego, cada jugador se ha familiarizado con las sensaciones de las letras. Es conveniente repetirlo unas cuantas veces hasta que todos los jugadores se sientan cómodos jugando y el número de aciertos sea elevado.

En el próximo sensojuego vas a encontrarte con las palabras y las sensaciones que expresan.

2. SENTIR Y EXPRESAR LA SENSACIÓN DE DOS PALABRAS CON OTRO SOPORTE EXPRESIVO

Después de vivir reiteradamente la experiencia de sentir las letras, en este segundo sensojuego vas a experimentar las sensaciones de unas palabras, y tendrás que expresar lo que te hace sentir cada una de ellas a través de los soportes expresivos que ya conoces.

SENSOJUEGO 2

APRENDER A SENTIR Y A EXPRESAR LAS PALABRAS

Reglas del juego

1. En este sensojuego se trata de sentir y expresar con otro soporte expresivo las sensaciones que te hacen sentir dos palabras.
2. El jugador de la izquierda del jugador de turno determinará dos palabras, por ejemplo: *ruiseñor* y *pozo*.
3. El jugador de la derecha elige el soporte expresivo, de la (a) a la (j) (pág. 27 a 33), con el que el jugador de turno expresará las dos o más palabras elegidas.
4. Puede escoger una sola modalidad, por ejemplo, *Pintar*. A partir de un tema del listado de la página 32-33, u otro que elija, realizará dos pinturas que tienen que expresar las sensaciones de las dos palabras.
5. También se puede realizar el juego con todas las formas de expresión, si así se ha determinado al empezar el juego, es decir, que las dos palabras las exprese se expresen con cada uno de los soportes expresivos de la (a) a la (j).

45

6. Con el soporte expresivo elegido, el jugador de turno expresará, de forma aleatoria, las palabras que se han determinado, sin decir a los demás jugadores cuál corresponde a cuál.

7. Normalmente, el juego se hace con dos palabras, pero si se quiere poner más dificultad se puede hacer con tres o más.

8. Una vez expresadas las diferentes sensaciones de las dos palabras con el soporte expresivo elegido, los demás jugadores tienen que determinar a qué expresión corresponde cada palabra, o sea, cuál corresponde a cuál.

9. Cada jugador que acierte se lleva dos puntos, y el jugador de turno se lleva uno por cada jugador que haya acertado.

10. Gana el jugador que llega antes a los puntos acordados o el que, en el tiempo de juego determinado previamente, haya acumulado más puntos.

11. También los jugadores pueden crear sus propias reglas de competición y usar un tablero y unas fichas de otro juego.

12. Se repetirá el sensojuego, con soportes expresivos distintos, hasta que todos los jugadores lo dominen.

Con este juego has hecho un gran salto al ser capaz de sentir y expresar las sensaciones de las palabras propuestas. Los grandes genios de la literatura, muchas veces, más que pensar, sienten. No hay placer mayor para un escritor que coger la pluma y sentir que las palabras y las sensaciones que las visten fluyen sobre el papel. El escritor tiene que llenarse de palabras y de las sensaciones de estas palabras para que, cuando coja la pluma, en el papel devenga una obra de arte.

En el próximo sensojuego vas a tener que realizar cambios en las dos palabras propuestas que, manteniendo el mismo significado, deberán producir diferente sensación.

3. SENTIR Y EXPRESAR CAMBIOS EN DOS PALABRAS CON EL MISMO SIGNIFICADO, PERO CON DIFERENTE SENSACIÓN

Después de vivir reiteradamente la experiencia de sentir, primero las letras y luego las palabras, en este nuevo sensojuego vas a experimentar cómo cambiar una palabra, manteniendo el mismo significado, pero que exprese otra sensación. Puedes recurrir a sinónimos o crear una nueva palabra que cumpla ambas funciones: que tenga el mismo significado y que exprese la nueva propuesta sensológica.

Es muy importante este sensojuego, pues permite al escritor ir ajustando los diferentes textos a las sensaciones que quiere transmitir.

SENSOJUEGO 3

SENTIR Y EXPRESAR CAMBIOS EN DOS PALABRAS CON EL MISMO SIGNIFICADO, PERO CON DIFERENTE SENSACIÓN

Reglas del juego

1. En este sensojuego se trata de sentir y expresar dos palabras, que se modificarán de forma que mantengan su significado, pero que expresen sensaciones distintas.

2. El jugador de la derecha del jugador de turno propondrá dos palabras que el jugador de turno tendrá que modificar, de tal forma que la sensación de cada una sea igual a las sensaciones propuestas.

3. El jugador de la izquierda elige el soporte expresivo, de la (a) a la (j) (pág. 27 a 33), con el que el jugador de turno expresará las dos o más palabras modificadas.
4. Normalmente, el juego se hace con dos palabras, pero si se quiere poner más dificultad se puede hacer con tres o más.
5. El jugador de turno escribirá las modificaciones de las dos palabras conservando su significado, pero variando su expresión a partir de las sensaciones de los soportes expresivos propuestos.
6. El jugador de turno expresará, de forma aleatoria, las dos palabras transformadas y las dos expresiones con el soporte expresivo determinado, sin decir cuál corresponde a cuál.
7. Una vez modificadas las dos palabras a partir de las dos expresiones del soporte expresivo elegido, los demás jugadores tienen que determinar a qué expresión corresponde cada nueva palabra.
8. Cada jugador que acierte se lleva dos puntos, y el jugador de turno se lleva uno por cada jugador que haya acertado.
9. Gana el jugador que llega antes a los puntos acordados o el que, en el tiempo de juego determinado previamente, haya acumulado más puntos.
10. También los jugadores pueden crear sus propias reglas de competición y usar un tablero y unas fichas de otro juego.
11. Se repetirá el sensojuego, con soportes expresivos distintos, hasta que todos los jugadores lo dominen.

El escritor sabe que, según el ritmo o las sensaciones que expresen las palabras utilizadas, el texto calará más o menos en el espíritu del lector. Es cierto que hay escritores que solo describen y transmiten ideas, pero esta no es la finalidad de este libro. Este texto pretende enseñar cómo cada uno puede transmitir sus pensamientos al mismo tiempo que sus sensaciones. O sea, que quien escribe sepa cómo abrir su alma y mostrarla a los demás de forma que los otros la absorban y la hagan suya. Es la empatía, la comunicación más mágica y vital y la forma de amor más pura. Aquí el escritor se muestra desnudo y, el lector, solamente desnudándose él también, logra comunicarse. Sin embargo, esta comunicación profunda no implica dependencia, sino libertad. Es lo mismo que sucede con el enamoramiento y el amor. El enamoramiento crea dependencia, el amor libertad. Así mismo sucede con todas las cosas de la vida. Escribamos para la libertad aprendiendo a sentir y a expresar lo que sentimos.

4. SENTIR Y EXPRESAR LA SENSACIÓN DE DOS FRASES CON OTRO SOPORTE EXPRESIVO

Después de vivir reiteradamente la experiencia de sentir, primero con las letras, luego con las palabras y después modificándolas para cambiar sus sensaciones, en este cuarto sensojuego vas a experimentar las sensaciones de unas frases en las que tendrás que expresar, a través de los soportes expresivos que ya conoces, lo que te hace sentir cada una de dichas frases.

SENSOJUEGO 4

APRENDER A SENTIR Y EXPRESAR LAS FRASES

Reglas del juego

1. En este sensojuego se trata de sentir y expresar con otro soporte expresivo las mismas sensaciones que te hacen sentir dos frases.
2. El jugador de la izquierda del jugador de turno leerá dos frases que escogerá dicho jugador de un libro que habrán preparado previamente.
3. El jugador de la derecha elegirá el soporte expresivo, de la (a) a la (j) (pág. 27 a 33), con el que el jugador de turno expresará las dos o más frases elegidas.
4. Se puede escoger una sola modalidad, por ejemplo, *Pintar*, en la que a partir de un tema del listado de la página 32-33, u otro que elija, el jugador realizará dos pinturas que deben expresar las mismas sensaciones que las dos frases.

5. También puede realizar todas las formas de expresión, si así se ha determinado al empezar el juego, es decir, que las dos frases las exprese con cada uno de los soportes expresivos de la (a) a la (j).
6. Seguidamente, el jugador de turno expresa, con el soporte expresivo elegido, las diferentes sensaciones que hacen sentir cada una de las dos frases determinadas.
7. Normalmente, el juego se hace con dos frases, pero si se quiere poner más dificultad se puede hacer con tres o más.
8. Una vez expresadas las diferentes sensaciones de las dos frases con el soporte expresivo elegido, los demás jugadores tienen que determinar a qué expresión corresponde cada frase, o sea, cuál corresponde a cuál.
9. Cada jugador que acierte se lleva dos puntos, y el jugador de turno se lleva uno por cada jugador que haya acertado.
10. Gana el jugador que llega antes a los puntos acordados o el que, en el tiempo de juego determinado previamente, haya acumulado más puntos.
11. También los jugadores pueden crear sus propias reglas de competición y usar un tablero y unas fichas de otro juego.
12. Se repetirá el sensojuego, con soportes expresivos distintos, hasta que todos los jugadores lo dominen.

En este sensojuego se han expresado las sensaciones de unas frases con diferentes soportes expresivos. Esta nueva serie de expresiones ha hecho, de nuevo, que tu sensibilidad alimente tu inteligencia al vestir con sensaciones las frases, y que tu memoria se vea potenciada al registrar conjuntamente cada frase y su sensación.

Si hacemos un recorrido por nuestra memoria, observamos que los momentos que han estado acompañados de vivencias de sensaciones son los recuerdos que más fuertemente han pasado a formar parte de nosotros y los que mejor ha retenido nuestra memoria.

5. SENTIR Y EXPRESAR CAMBIOS EN DOS FRASES CON EL MISMO SIGNIFICADO PERO CON DIFERENTE SENSACIÓN

Después de vivir reiteradamente la experiencia de sentir, primero las letras, luego las palabras y ahora las frases. En este nuevo sensojuego vas a experimentar cómo mantener el significado de una frase cambiando las palabras para producir otra sensación diciendo lo mismo. Para comprobar que los significados de las distintas frases son los mismos, aunque con palabras distintas y sensaciones distintas, expresarás a través de los soportes expresivos que ya conoces, lo que te hacen sentir cada una de dichas frases.

SENSOJUEGO 5

SENTIR Y EXPRESAR CAMBIOS EN LAS FRASES CON EL MISMO SIGNIFICADO, PERO CON DIFERENTE SENSACIÓN

Reglas del juego

1. En este sensojuego se trata de sentir y expresar dos frases, que se modificarán de forma que mantengan su significado pero que expresen sensaciones distintas.
2. El jugador de la derecha del jugador de turno propondrá dos frases, que el jugador de turno tendrá que modificar, de tal forma, que la sensación de cada una sea igual a unas sensaciones propuestas.
3. El jugador de la izquierda elige el soporte expresivo, de la (a) a la (j) (pág. 27 a 33), con el que el jugador de turno expresará las dos o más frases modificadas.

4. Normalmente el juego se hace con dos frases, pero si se quiere poner más dificultad se puede hacer con tres o más.
5. El jugador de turno escribirá las modificaciones de las dos frases conservando su significado, pero variando su expresión a partir de las sensaciones de los soportes expresivos propuestos.
6. El jugador de turno expresará de forma aleatoria las dos frases transformadas y las dos expresiones creadas, sin decir cuál corresponde a cuál.
7. Una vez presentadas las dos frases modificadas a partir de las dos expresiones creadas con el soporte expresivo elegido, los demás jugadores tienen que determinar a qué expresión corresponde cada nueva frase.
8. Cada jugador que acierte se lleva dos puntos y el jugador de turno se lleva uno por cada jugador que haya acertado.
9. Gana el jugador que llega antes a los puntos acordados o el que en el tiempo de juego determinado previamente haya acumulado más puntos.
10. También los jugadores pueden crear sus propias reglas de competición y usar un tablero y unas fichas de otro juego.
11. Se repetirá el sensojuego, con soportes expresivos distintos, hasta que todos los jugadores lo dominen.

El escritor sabe que según el ritmo o las sensaciones que expresen las frases utilizadas, el texto calará más o menos en el espíritu del lector. Claro que hay escritores que solo describen y transmiten ideas. Pero esta no es la finalidad de este libro que lo que pretende es enseñar la forma de que cada uno transmita sus pensamientos al tiempo que transmite sus sensaciones.

Aquí lo que se pretende es que el que escribe sepa como abrir su alma y mostrarla a los demás de forma que los otros la absorban y la hagan suya. Es la empatía, la comunicación más mágica y vital y la forma de amor más puro. Aquí el escritor se muestra desnudo y el lector, solamente desnudándose él también, logra comunicarse. Pero esta comunicación profunda no implica dependencia sino libertad. Es lo mismo que sucede con el enamoramiento y el amor. El enamoramiento crea dependencia, el amor libertad. Así mismo sucede con todas las cosas de la vida. Escribamos para la libertad aprendiendo a sentir y a expresar lo que sentimos.

6. SENTIR Y EXPRESAR LA SENSACIÓN DE DOS PÁRRAFOS CON OTRO SOPORTE EXPRESIVO

Después de vivir reiteradamente la experiencia de sentir, en este nuevo sensojuego vas a experimentar las sensaciones de unos párrafos en los que tendrás que expresar, a través de los soportes expresivos que ya conoces, lo que te hace sentir cada uno de dichos párrafos.

SENSOJUEGO 6

APRENDER A SENTIR Y EXPRESAR LOS PÁRRAFOS

Reglas del juego

1. En este sensojuego se trata de sentir y expresar con otro soporte expresivo las mismas sensaciones que te hacen sentir dos párrafos.
2. El jugador de la izquierda del jugador de turno leerá dos párrafos, que escogerá dicho jugador, de un libro que habrán preparado previamente.
3. El jugador de la derecha elegirá el soporte expresivo, de la (a) a la (j) (pág. 27 a 33), con el que el jugador de turno expresará los dos o más párrafos elegidos.
4. Se puede escoger una sola modalidad, por ejemplo, *Pintar*, en la que a partir de un tema del listado de la página 32-33, u otro que elija, realizará dos pinturas que tienen que expresar las mismas sensaciones que los dos párrafos.
5. También puede realizar todas las formas de expresión, si así se ha determinado al empezar el juego, es decir, que los dos párra-

fos los exprese con cada uno de los soportes expresivos de la (a) a la (j).

6. Seguidamente, el jugador de turno expresa, con el soporte expresivo elegido, las diferentes sensaciones que hacen sentir cada uno de los dos párrafos determinados.

7. Normalmente, el juego se hace con dos párrafos, pero si se quiere poner más dificultad se puede hacer con tres o más.

8. Una vez expresadas las diferentes sensaciones de los dos párrafos, con el soporte expresivo elegido, los demás jugadores tienen que determinar a qué expresión corresponde cada párrafo, o sea, cuál corresponde a cuál.

9. Cada jugador que acierte se lleva dos puntos, y el jugador de turno se lleva uno por cada jugador que haya acertado.

10. Gana el jugador que llega antes a los puntos acordados o el que, en el tiempo de juego determinado previamente, haya acumulado más puntos.

11. También los jugadores pueden crear sus propias reglas de competición y usar un tablero y unas fichas de otro juego.

12. Se repetirá el sensojuego, con soportes expresivos distintos, hasta que todos los jugadores lo dominen.

En este sensojuego se han expresado las sensaciones de unos párrafos con diferentes soportes expresivos. Esta nueva serie de expresiones ha hecho, de nuevo, que tu sensibilidad alimente a tu inteligencia, al vestir con sensaciones los párrafos, y que tu memoria se vea potenciada al registrar cada párrafo y su sensación.

Si hacemos un recorrido por nuestra memoria observamos que los momentos que han estado acompañados de vivencias de sensaciones son los recuerdos que más fuertemente han pasado a formar parte de nosotros y los que mejor ha retenido nuestra memoria.

7. SENTIR Y EXPRESAR LA SENSACIÓN DE DOS NARRACIONES CON OTRO SOPORTE EXPRESIVO

Después de vivir reiteradamente la experiencia de sentir, en este nuevo sensojuego vas a experimentar las sensaciones de unas narraciones en las que tendrás que expresar, a través de los soportes expresivos que ya conoces, lo que te hace sentir cada una de dichas narraciones. Una narración es como un libro en pequeño, con lo cual vas a adquirir la experiencia de lo que es crear una obra con cierta complejidad, tanto en las ideas que quieras transmitir como en las sensaciones que quieres expresar a través de lo escrito.

SENSOJUEGO 7

APRENDER A SENTIR Y EXPRESAR LAS NARRACIONES

Reglas del juego

1. En este sensojuego se trata de sentir y expresar con otro soporte expresivo las mismas sensaciones que te hacen sentir dos narraciones braves.
2. El jugador de la izquierda del jugador de turno leerá dos narraciones que se habrán preparado previamente o que los jugadores ya conocerán.
3. El jugador de la derecha elegirá el soporte expresivo, de la (a) a la (j) (pág. 27 a 33), con el que el jugador de turno expresará las dos o más narraciones elegidas.
4. Se puede escoger una sola modalidad, por ejemplo, *Pintar*, en la que a partir de un tema del listado de la página 32-33, u otro que

elija, realizará dos pinturas que tienen que expresar las mismas sensaciones que las dos narraciones.

5. También puede realizar todas las formas de expresión si así se ha determinado al empezar el juego, es decir, que las dos narraciones las exprese con cada uno de los soportes expresivos de la (a) a la (j).

6. Seguidamente, el jugador de turno expresa, con el soporte expresivo elegido, las diferentes sensaciones que hacen sentir cada una de las dos narraciones determinadas.

7. Normalmente, el juego se hace con dos narraciones, pero si se quiere poner más dificultad se puede hacer con tres o más.

8. Una vez expresadas las diferentes sensaciones de las dos narraciones con el soporte expresivo elegido, los demás jugadores tienen que determinar a qué expresión corresponde cada narración, o sea, cuál corresponde a cuál.

9. Cada jugador que acierte se lleva dos puntos y el jugador de turno se lleva uno por cada jugador que haya acertado.

10. Gana el jugador que llega antes a los puntos acordados o el que en el tiempo de juego determinado previamente haya acumulado más puntos.

11. También, los jugadores pueden crear sus propias reglas de competición y usar un tablero y unas fichas de otro juego.

12. Se repetirá el sensojuego, con soportes expresivos distintos, hasta que todos los jugadores lo dominen.

En este sensojuego se han expresado las sensaciones de unas narraciones breves con diferentes soportes expresivos. Esta nueva serie de expresiones ha vuelto a hacer que tu sensibilidad alimente tu inteligencia al vestir con sensaciones las dos narraciones y que tu memoria se vea potenciada al registrar cada narración y su sensación.

Si hacemos un recorrido por nuestra memoria observamos que los momentos que han estado acompañados de vivencias de sensaciones son los recuerdos que más fuertemente han pasado a formar parte de nosotros y los que mejor ha retenido nuestra memoria.

8. SENTIR Y EXPRESAR LA SENSACIÓN DE DOS CUENTOS CON OTRO SOPORTE EXPRESIVO

Después de vivir reiteradamente la experiencia de sentir, en este nuevo sensojuego vas a experimentar las sensaciones de unos cuentos en los que tendrás que expresar, a través de los soportes expresivos que ya conoces, lo que te hace sentir cada uno de dichos cuentos. Un cuento es como un libro en pequeño, de manera que se adquiere la experiencia de lo que es crear una obra de cierta complejidad tanto en las ideas que quieras transmitir como en las sensaciones que quieres expresar a través de lo escrito.

SENSOJUEGO 8

APRENDER A SENTIR Y EXPRESAR LOS CUENTOS

Reglas del juego

1. En este sensojuego se trata de sentir y expresar con otro soporte expresivo las mismas sensaciones que te hacen sentir dos cuentos.
2. El jugador de la izquierda del jugador de turno leerá dos cuentos que se habrán preparado previamente.
3. El jugador de la derecha elegirá el soporte expresivo, de la (a) a la (j) (pág. 27 a 33), con el que el jugador de turno expresará los dos o más cuentos elegidos.
4. Se puede escoger una sola modalidad, por ejemplo, *Pintar*, en la que a partir de un tema del listado de la página 32-33, u otro que elija, realizará dos pinturas que tienen que expresar las mismas sensaciones que los dos cuentos.

5. También puede realizar todas las formas de expresión si así se ha determinado al empezar el juego, es decir, que los dos cuentos los exprese con cada uno de los soportes expresivos de la (a) a la (j).

6. Seguidamente, el jugador de turno expresa, con el soporte expresivo elegido, las diferentes sensaciones que hacen sentir cada uno de los dos cuentos determinados.

7. Normalmente, el juego se hace con dos cuentos, pero si se quiere poner más dificultad se puede hacer con tres o más.

8. Una vez expresadas las diferentes sensaciones de los dos cuentos con el soporte expresivo elegido, los demás jugadores tienen que determinar a qué expresión corresponde cada cuento, o sea, cuál corresponde a cuál.

9. Cada jugador que acierte se lleva dos puntos, y el jugador de turno se lleva uno por cada jugador que haya acertado.

10. Gana el jugador que llega antes a los puntos acordados o el que, en el tiempo de juego determinado previamente, haya acumulado más puntos.

11. También los jugadores pueden crear sus propias reglas de competición y usar un tablero y unas fichas de otro juego.

12. Se repetirá el sensojuego, con soportes expresivos distintos, hasta que todos los jugadores lo dominen.

En este sensojuego se han expresado las sensaciones de unos cuentos con diferentes soportes expresivos. Otra vez, esta nueva serie de expresiones ha hecho que tu sensibilidad alimente tu inteligencia al vestir con sensaciones los dos cuentos y que tu memoria se vea potenciada al registrar cada cuento y su sensación.

Si hacemos un recorrido por nuestra memoria observamos que los momentos que han estado acompañados de vivencias de sensaciones son los recuerdos que más fuertemente han pasado a formar parte de nosotros y los que mejor ha retenido nuestra memoria.

9. SENTIR Y EXPRESAR LA SENSACIÓN DE DOS METÁFORAS CON OTRO SOPORTE EXPRESIVO

La calidad de las metáforas de un texto define al escritor. Hay vivencias que no pueden describirse porque explicaríamos solamente la anécdota, la descripción de lo vivido, pero no lo sentido en la vivencia.

Una metáfora es una frase interminable que da vueltas sobre sí misma y a cada vuelta se regenera y nos descubre un nuevo matiz de la sensación o sensaciones que la metáfora expresa.

Una metáfora es una historia inexplicable que el creador expresa como único recurso para comunicar sensaciones y sentimientos tan profundos que todavía no tienen forma, que son como espíritus que vagan dentro del alma del creador y que él, como Aladino en su alfombra mágica, los monta en una metáfora para que el receptor los reescriba para sí, directamente en su alma. Después de vivir reiteradamente la experiencia de sentir las frases, en este noveno sensojuego vamos a experimentar las sensaciones de las metáforas, a través de las que cada jugador tendrá que expresar lo que le hace sentir cada una, según los soportes expresivos que ya conoce.

SENSOJUEGO 9

APRENDER A SENTIR Y EXPRESAR LAS METÁFORAS

Reglas del juego

1. En este sensojuego se trata de sentir y expresar con otro soporte expresivo las mismas sensaciones que te hacen sentir dos metáforas.
2. El jugador de la izquierda del jugador de turno leerá dos metáforas de un libro de poemas u otro que contenga metáforas, que se habrá preparado previamente.

3. El jugador de la derecha elegirá el soporte expresivo, de la (a) a la (j) (pág. 27 a 33), con el que el jugador de turno expresará cada una de las dos o más metáforas elegidas.

4. Se puede escoger una sola modalidad, por ejemplo, *Pintar*, en la que a partir de un tema del listado de la página 32-33, u otro que elija, realizará dos pinturas que tienen que expresar las mismas sensaciones que las dos metáforas.

5. También puede realizar todas las formas de expresión, si así se ha determinado al empezar el juego, es decir, que las dos metáforas las exprese con cada uno de los soportes expresivos de la (a) a la (j).

6. Seguidamente, el jugador de turno expresa con el soporte expresivo elegido, las diferentes sensaciones que siente al sentir cada una de las dos metáforas determinadas.

7. Normalmente, el juego se hace con dos metáforas, pero si se quiere poner más dificultad se puede hacer con tres o más.

8. Una vez expresadas las diferentes sensaciones de las dos metáforas con el soporte expresivo elegido, los demás jugadores tienen que determinar a qué expresión corresponde cada metáfora, o sea, cuál corresponde a cuál.

9. Cada jugador que acierte se lleva dos puntos, y el jugador de turno se lleva uno por cada jugador que haya acertado.

10. Gana el jugador que llega antes a los puntos acordados o el que, en el tiempo de juego decidido previamente, haya acumulado más puntos.

11. También los jugadores pueden crear sus propias reglas de competición y usar un tablero y unas fichas de otro juego.

12. Se repetirá el sensojuego, con soportes expresivos distintos, hasta que todos los jugadores lo dominen.

La metáfora añade nuevos retos a la capacidad de expresión de nuestras vivencias profundas. Es una vivencia más compleja en la que nuestra mente tiene que estar reteniendo sensaciones del alma que no solemos reflexionar. Es una sensación dinámica, interminable, que se auto genera a sí misma adquiriendo cada vez más complejidad y profundidad. Esta vivencia con metáforas adiestra nuestra mente para desarrollar una memoria más sensible, profunda, amplia y global. En esta primera fase, simplemente has sentido la metáfora y sus dinámicas, sin implicarse todavía en su inclusión en un texto o en un poema con una intención narrativa específica.

10. SENTIR Y EXPRESAR LA SENSACIÓN DE DOS POEMAS CON OTRO SOPORTE EXPRESIVO

Después de jugar con las metáforas, ahora vas a practicar con el género literario que más las utiliza: la poesía. En poesía, por su misma dificultad de expresar sensaciones con palabras, sus versos suelen albergar metáforas que ayudan a explicar lo inenarrable, el sentir profundo e indescriptible del poeta.

Un poema es una sucesión de versos que, por su descripción simbólica, sus metáforas interminables e inexplicables, sus ritmos y su musicalidad, busca poder expresar lo que ni el propio poeta a veces entiende. Tal vez es el autor de los versos el primer interesado en leerlos y releerlos, para sustanciar su espíritu con el mensaje que estos le transmiten más allá de la formalidad de la gramática.

Ahora vamos a experimentar y expresar las sensaciones que nos transmiten determinados poemas a través de otros soportes expresivos.

SENSOJUEGO 10

APRENDER A SENTIR Y EXPRESAR LOS POEMAS

Reglas del juego

1. En este sensojuego se trata de sentir y expresar con otro soporte expresivo las mismas sensaciones que te hacen sentir dos poemas.
2. El jugador de la izquierda del jugador de turno leerá dos poemas de un libro de poemas, que habrán preparado previamente.
3. El jugador de la derecha elegirá el soporte expresivo, de la (a) a la (j) (pág. 27 a 33), con el que el jugador de turno expresará cada uno de los dos poemas elegidos.

4. Se puede escoger una sola modalidad, por ejemplo, *Pintar*, en la que a partir de un tema del listado de la página 32-33, u otro que elija, realizará dos pinturas que tienen que expresar las mismas sensaciones que los dos poemas.

5. También puede realizar todas las formas de expresión, si así se ha determinado al empezar el juego, es decir, que los dos poemas los exprese con cada uno de los soportes expresivos de la (a) a la (j).

6. Seguidamente el jugador de turno expresa, con el soporte expresivo elegido, las diferentes sensaciones que siente al sentir cada uno de los dos poemas determinados.

7. Normalmente, el juego se hace con dos poemas, pero si se quiere poner más dificultad se puede hacer con tres o más.

8. Una vez expresadas las diferentes sensaciones de los dos poemas con el soporte expresivo elegido, los demás jugadores tienen que determinar a qué expresión corresponde cada poema, o sea, cuál corresponde a cuál.

9. Cada jugador que acierte se lleva dos puntos, y el jugador de turno se lleva uno por cada jugador que haya acertado.

10. Gana el jugador que llega antes a los puntos acordados o el que, en el tiempo de juego determinado previamente, haya acumulado más puntos.

11. También los jugadores pueden crear sus propias reglas de competición y usar un tablero y unas fichas de otro juego.

12. Se repetirá el sensojuego, con soportes expresivos distintos, hasta que todos los jugadores lo dominen.

Escribir un poema que puede parecer un género propio de enamorados o de visionarios de una dimensión desconocida del ser humano, es en sí un ejercicio de expresión de sensaciones a través de la escritura o la palabra, propio de almas que buscan su esencia y su razón de ser. En poesía se utiliza la metáfora como recurso para expresar lo inexplicable, que nos proporciona una vivencia más compleja en la que nuestra mente tiene que estar reteniendo sensaciones profundas que no solemos reflexionar. Es una sensación dinámica, interminable, que se auto genera a sí misma adquiriendo cada vez más complejidad y profundidad. Esta vivencia poética adiestra nuestra mente para desarrollar una memoria más sensible, profunda, amplia y global.

11. SENTIR Y EXPRESAR CAMBIOS EN DOS POEMAS CON EL MISMO SIGNIFICADO, PERO CON DIFERENTE SENSACIÓN

De nuevo, los versos y las metáforas de la poesía buscan expresar la sensación que quiere transmitir el poeta, pero, ahora, en este sensojuego, vas a hacer un cambio: a partir de una poesía determinada, cambiarás las palabras, los versos y las metáforas de forma que se exprese una sensación nueva, diferente a la del poema original, pero manteniendo el mismo mensaje literario.

SENSOJUEGO 11

SENTIR Y EXPRESAR CAMBIOS EN LOS POEMAS CON EL MISMO SIGNIFICADO, PERO CON DIFERENTE SENSACIÓN

Reglas del juego

1. En este sensojuego se trata de sentir y expresar dos poemas, que se modificarán de forma que mantengan su significado, pero que expresen sensaciones distintas.
2. El jugador de la derecha del jugador de turno propondrá dos poemas, que el jugador de turno tendrá que modificar, de tal forma que la sensación de cada uno sea igual a unas sensaciones propuestas.
3. El jugador de la izquierda elige el soporte expresivo, de la (a) a la (j) (pág. 27 a 33), con el que el jugador de turno expresará los dos o más poemas modificados.

4. Normalmente, el juego se hace con dos poemas, pero si se quiere poner más dificultad se puede hacer con tres o más.
5. El jugador de turno escribirá las modificaciones de los dos poemas conservando su significado, pero variando su expresión a partir de las sensaciones de los soportes expresivos propuestos.
6. El jugador de turno expresará, de forma aleatoria, los dos textos transformados y las dos expresiones creadas, sin decir cuál corresponde a cuál.
7. Una vez expresados los dos textos modificados, a partir de las dos expresiones creadas con el soporte expresivo elegido, los demás jugadores tienen que determinar a qué expresión corresponde cada nuevo poema.
8. Cada jugador que acierte se lleva dos puntos, y el jugador de turno se lleva uno por cada jugador que haya acertado.
9. Gana el jugador que llega antes a los puntos acordados o el que, en el tiempo de juego determinado previamente, haya acumulado más puntos.
10. También los jugadores pueden crear sus propias reglas de competición y usar un tablero y unas fichas de otro juego.
11. Se repetirá el sensojuego, con soportes expresivos distintos, hasta que todos los jugadores lo dominen.

El poeta sabe que, según la musicalidad de las palabras, la cadencia de los ritmos o las metáforas que emplee en sus versos, sus poemas calarán más o menos en el espíritu del lector. Hemos podido apreciar en este sensojuego cómo podíamos dar una sensación distinta cambiando algunas palabras, pero manteniendo el mismo mensaje.

Con este sensojuego lo que se pretende es reforzar el talento del poeta para que sepa aún mejor cómo abrir su alma y mostrarla a los demás de manera que los otros la absorban y la hagan suya. Podemos hablar de empatía como forma de comunicación mágica y vital que expresa la forma de amor más puro porque es unilateral pero integrativo. Aquí el poeta se muestra desnudo y el lector, solamente desnudándose él también, logra comunicarse. Aunque esta comunicación profunda no implica dependencia, sino libertad. Ya vimos qué sucede con el enamoramiento y el amor. El enamoramiento crea dependencia, el amor libertad. Así mismo sucede con todas las cosas de la vida. Escribamos para la libertad aprendiendo a sentir y a expresar lo que sentimos.

12. SENTIR Y EXPRESAR LA SENSACIÓN DE DOS LIBROS CON OTRO SOPORTE EXPRESIVO

Leer un libro, saber interpretarlo y poder sentirlo, es recibir la mente y el alma de su autor. Este comunicarnos con el escritor, que posiblemente haya dejado impreso lo más esencial de su vida, es la tarea más sublime que podemos realizar; es como una empatía indirecta con alguien que no conocemos, pero que está ahí y lo amamos.

En el próximo sensojuego vamos a vivir la experiencia de sentir dos libros, a través de los que cada jugador tendrá que expresar lo que le hace sentir cada uno, a partir de los soportes expresivos que ya conoce.

SENSOJUEGO 12

APRENDER A SENTIR Y EXPRESAR LOS LIBROS

Reglas del juego

1. En este sensojuego se trata de sentir y expresar con otro soporte expresivo las mismas sensaciones que te hacen sentir dos libros.
2. El jugador de la izquierda del jugador de turno determinará dos libros que se habrán preparado previamente y que todos los jugadores tendrán que leerse. En caso de ser libros conocidos por todos, seguirá el juego.
3. El jugador de la derecha elegirá el soporte expresivo, de la (a) a la (j) (pág. 27 a 33), con el que el jugador de turno expresará los dos libros elegidos.

65

4. Se puede escoger una sola modalidad, por ejemplo, *Pintar*, en la que a partir de un tema del listado de la página 32-33, u otro que elija, tiene que expresar las mismas sensaciones que los dos libros.

5. También puede realizar todas las formas de expresión, si así se ha determinado al empezar el juego, es decir, que los dos libros los exprese con cada uno de los soportes expresivos de la (a) a la (j).

6. Seguidamente, el jugador de turno expresa, con el soporte expresivo elegido, las diferentes sensaciones que hacen sentir cada uno de los dos libros elegidos.

7. Normalmente, el juego se hace con dos libros, pero si se quiere poner más dificultad se puede hacer con tres o más.

8. Una vez expresadas las diferentes sensaciones de los dos libros con el soporte expresivo elegido, los demás jugadores tienen que determinar a qué expresión corresponde cada libro, o sea, cuál corresponde a cuál.

9. Cada jugador que acierte se lleva dos puntos, y el jugador de turno se lleva uno por cada jugador que haya acertado.

10. Gana el jugador que llega antes a los puntos acordados o el que, en el tiempo de juego determinado previamente, haya acumulado más puntos.

11. También los jugadores pueden crear sus propias reglas de competición y usar un tablero y unas fichas de otro juego.

12. Se repetirá el sensojuego, con soportes expresivos distintos, hasta que todos los jugadores lo dominen.

En este sensojuego cada jugador ha extraído una importante experiencia. Ha podido leer la mente y el alma del autor de cada uno de los libros que ha expresado.

En el próximo grupo de sensojuegos vamos a invertir el orden del análisis; primero crearemos dos sensaciones y luego tendremos que crear una palabra un párrafo o un libro que exprese dicha sensación. Como veis, en estos doce primeros juegos analizábamos y expresábamos unos textos ya creados. Ahora seremos nosotros los que, a partir de unas sensaciones, tendremos que crear los textos que expresen dichas sensaciones. Ahí empezaremos a ser escritores.

SEGUNDA SERIE DE SENSOJUEGOS

A PARTIR DE DOS SENSACIONES DADAS,
CREAR LOS TEXTOS QUE LAS EXPRESEN

13. A PARTIR DE DOS SENSACIONES DADAS, DETERMINAR DOS LETRAS QUE HAGAN SENTIR DICHAS SENSACIONES

Después de la experiencia del anterior sensojuego, en el que has expresado las sensaciones que te producían determinados libros, ahora vas a volver a empezar con las sensaciones de las letras, pero esta vez partiendo de unas sensaciones producidas a través de determinados soportes expresivos y tendrás que buscar las letras cuyas sensaciones se parezcan más a las sensaciones propuestas.

Ahora partes de una sensación, como en la inspiración, que se parte de una sensación interior que nos hace que busquemos las palabras que expresen dicha sensación. Por esto, ahora, en este y en otros sensojuegos, vas a partir de una sensación para expresar una letra o todo un libro, que hagan sentir esta misma sensación. Aquí empiezas a conectar con la verdadera creación literaria. Tus propios temas, fruto de tu inspiración, vendrán cuando tu cerebro este ejercitado en la unión del pensamiento con la propia sensación del estar pensando, antesala de la sensación del estar sintiendo.

SENSOJUEGO 13

APRENDER A SENTIR Y A ENCONTRAR LAS LETRAS
QUE EXPRESEN DETERMINADAS SENSACIONES

Reglas del juego

1. En este sensojuego se trata de sentir determinadas propuestas de sensaciones y buscar las letras, mayúsculas o minúsculas, cuya

sensación se parezca más a cada una de las dos sensaciones fijadas. Al haber dos propuestas, se facilita el encontrar la letra cuya sensación se aproxime más a cada una de las dos sensaciones creadas.

2. El jugador de la izquierda determinará el soporte expresivo, de la (a) a la (j) (pág. 27 a 33), que se utilizará para fijar las dos sensaciones. Después, el jugador de turno tendrá que determinar sus correspondencias sensológicas con dos letras.

3. Se puede escoger una sola modalidad, por ejemplo, *Pintar*, en la que a partir de un tema del listado de la página 32-33, u otro que elija el jugador de la izquierda, se tendrán que expresar las dos sensaciones que el jugador de turno deberá relacionar con las letras del abecedario, mayúsculas y minúsculas, para encontrar las que más se acerquen a la sensación creada, por lo que nos hagan sentir.

4. También se puede realizar el sensojuego con todas las formas de expresión, de la (a) a la (j), si así se ha determinado al empezar el juego, es decir, que expresemos las mismas sensaciones con cada soporte expresivo y encontremos las letras que expresen lo mismo. Aquí la contundencia de la repetición de la misma expresión con soportes expresivos distintos facilita que, cuando expresemos las letras, estas sean las más adecuadas.

5. A continuación, el jugador de la derecha realiza dos expresiones con el soporte expresivo indicado.

6. Seguidamente, el jugador de turno adjudica una letra para cada sensación creada.

7. Normalmente, el juego se hace con dos sensaciones y dos letras, pero si se quiere poner más dificultad se puede hacer con tres o más.

8. Una vez expresadas las sensaciones con el soporte expresivo elegido y adjudicadas las diferentes letras, los demás jugadores tienen que determinar a qué expresión corresponde cada letra, o sea, cuál corresponde a cuál.

9. Cada jugador que acierte se lleva dos puntos y el jugador de turno se lleva uno por cada jugador que haya acertado.

10. Gana el jugador que llega antes a los puntos acordados o el que, en el tiempo de juego determinado previamente, haya acumulado más puntos.

11. También los jugadores pueden crear sus propias reglas de competición y usar un tablero y unas fichas de otro juego.

12. Se repetirá el sensojuego, con soportes expresivos distintos, hasta que todos los jugadores lo dominen.

Con este sensojuego te has iniciado en las bases de la creación artística y literaria. Para alcanzar el punto en el que seas capaz de expresar las sensaciones de tu mundo interior, primero tienes que aprender a sentir y a expresar elementos a cuya sensación te es más fácil llegar. Más adelante llegarás a sentir y a expresar sucesos y sensaciones externas, pero tú no estás aquí todavía. Tu ahora solamente eres el medio, no el fin, como tendrás ocasión de descubrir más adelante.

Has hecho un gran salto al ser capaz de sentir unas sensaciones propuestas y encontrar las letras que expresen la misma sensación. Este es el punto culminante en la creación de cualquier obra de arte, sea literaria o de otro tipo. Se hace especial hincapié en la literaria porque es la que más peligro tiene de quedar atrapada en la descripción.

En el próximo sensojuego seguirás profundizando en el mundo de la creación literaria, en este caso creando dos palabras que cada una exprese una de las sensaciones propuestas.

14. A PARTIR DE DOS SENSACIONES DADAS, CREAR DOS PALABRAS QUE HAGAN SENTIR DICHAS SENSACIONES

Después de la experiencia del anterior sensojuego, en el que han expresado unas sensaciones producidas a través de determinados soportes expresivos y en el que tenías que buscar las letras cuyas sensaciones se parecieran más a las sensaciones propuestas, llegamos a un sensojuego en el que, esta vez, partiendo también de unas sensaciones producidas a través de determinados soportes expresivos, tendrás que crear las palabras que las sensaciones que estas hagan sentir sean las mismas que las sensaciones propuestas.

Ahora partes de una sensación externa, en la inspiración se parte de una sensación interior que nos hace que busquemos las palabras que expresen dicha sensación. Por eso, como se ha comentado anteriormente, ahora, en este y en otros sensojuegos, vas a partir de una sensación externa para expresar una palabra que hagan sentir esta misma sensación. Aquí empiezas a conectar con la verdadera creación literaria. Los temas fruto de tu inspiración vendrán cuando tu cerebro este ejercitado en la unión del pensamiento con la propia sensación del estar pensando, antesala de la sensación del estar sintiendo tu ser profundo. Pero en este sensojuego ya vas a practicar creando palabras que hagan sentir lo mismo que las sensaciones propuestas.

SENSOJUEGO 14

APRENDER A SENTIR Y A ENCONTRAR LAS PALABRAS QUE EXPRESEN DETERMINADAS SENSACIONES

Reglas del juego

1. En este sensojuego se trata de sentir dos propuestas de sensaciones y crear dos palabras que expresen dichas sensaciones. Al haber dos propuestas, se facilita la creación de cada sensación con la palabra adecuada que hagan sentir la misma sensación.
2. El jugador de la izquierda determinará el soporte expresivo, de la (a) a la (j) (pág. 27 a 33), que se utilizará para crear las sensaciones. Después el jugador de turno las tendrá que expresar con este medio las sensaciones de unas palabras.
3. Se puede escoger una sola modalidad, por ejemplo, *Pintar*, en la que a partir de un tema del listado de la página 32-33, u otro que elija, se tienen que expresar dos sensaciones. El jugador de turno tendrá que crear las palabras que por su sensación correspondan a cada propuesta.
4. También puede realizar el sensojuego con todas las formas de expresión, de la (a) a la (j), si así se ha determinado al empezar el juego, es decir, que, con las dos palabras que creemos, expresemos las mismas sensaciones que las que han sido propuestas. Aquí la contundencia de la repetición de la misma expresión con soportes expresivos distintos facilita que, cuando creemos las palabras, estas sean las más adecuadas.
5. A continuación, el jugador de la derecha realiza dos expresiones con el soporte expresivo indicado.
6. Seguidamente, el jugador de turno crea una palabra para cada sensación expresada por el jugador de su izquierda.
7. Normalmente, el juego se hace con dos sensaciones y dos palabras, pero si se quiere poner más dificultad se puede hacer con tres o más.
8. Una vez creadas las diferentes palabras con el soporte expresivo elegido, los demás jugadores tienen que determinar a qué expresión corresponde cada palabra, o sea, cuál corresponde a cuál.
9. Cada jugador que acierte se lleva dos puntos, y el jugador de turno se lleva uno por cada jugador que haya acertado.

10. Gana el jugador que llega antes a los puntos acordados o el que, en el tiempo de juego determinado previamente, haya acumulado más puntos.
11. También los jugadores pueden crear sus propias reglas de competición y usar un tablero y unas fichas de otro juego.
12. Se repetirá el sensojuego, con soportes expresivos distintos, hasta que todos los jugadores lo dominen.

Con este sensojuego has seguido profundizando en las bases de la creación artística y literaria. Para alcanzar el punto en el que seas capaz de expresar las sensaciones de tu mundo interior, primero tienes que aprender a sentir y a expresar elementos a cuya sensación te es más fácil llegar. Tú solamente eres el medio para conseguirlo, no el fin, como descubrirás más adelante.

Has hecho un gran salto al ser capaz de sentir unas sensaciones propuestas y crear las palabras que expresen la misma sensación. Aquí por primera vez hablamos de crear, en este caso, palabras. Este es el punto culminante en la obra de arte, sea literaria o de otro tipo.

En el próximo sensojuego seguirás profundizando en el mundo de la creación literaria, en este caso creando dos frases que cada una exprese una de las sensaciones propuestas.

15. A PARTIR DE DOS SENSACIONES DADAS, CREAR DOS FRASES QUE HAGAN SENTIR DICHAS SENSACIONES

En este nuevo sensojuego, partiendo también de unas sensaciones producidas a través de determinados soportes expresivos, tendrás que crear las frases que hagan sentir las mismas sensaciones que las de las propuestas.

Ahora partes de una sensación externa; en la inspiración, se parte de una sensación interior que nos hace que busquemos las palabras que expresen dicha sensación. Por esto, ahora, en este sensojuego, vas a partir de una sensación para expresar una frase que hagan sentir esta misma sensación. Aquí conectas con la verdadera creación literaria. Tus propios temas, fruto de tu inspiración, vendrán cuando tu cerebro este ejercitado en la unión del pensamiento con la propia sensación del estar pensando, antesala de la sensación del estar sintiendo tu ser profundo. Pero en este sensojuego ya vas a practicar creando frases que hagan sentir unas sensaciones propuestas.

SENSOJUEGO 15

APRENDER A SENTIR Y A CREAR LAS FRASES
QUE EXPRESEN DETERMINADAS SENSACIONES

Reglas del juego

1. En este sensojuego se trata de sentir dos propuestas de sensaciones y crear dos frases que expresen lo mismo que dichas sensaciones. Al haber dos propuestas, se facilita la creación de cada sensación con la frase adecuada que haga sentir la misma sensación.

75

2. El jugador de la izquierda determinará el soporte expresivo, de la (a) a la (j) (pág. 27 a 33), que se utilizará para crear las sensaciones que luego el jugador de turno tendrá que expresar a través de la creación de unas frases.
3. Se puede escoger una sola modalidad, por ejemplo, *Pintar*, en la que a partir de un tema del listado de la página 32-33, u otro que elija, se tienen que expresar dos sensaciones. Después, el jugador de turno tendrá que crear las frases que por su sensación correspondan a cada propuesta.
4. También puede realizar el sensojuego con todas las formas de expresión, de la (a) a la (j), si así se ha determinado al empezar el juego, es decir, que, con las dos frases que creemos, expresemos las mismas sensaciones que las que han sido propuestas. Aquí la contundencia de la repetición de la misma expresión con soportes expresivos distintos facilita que cuando creemos las frases, estas sean las más adecuadas.
5. A continuación, el jugador de la derecha realiza dos expresiones con el soporte expresivo indicado.
6. Seguidamente, el jugador de turno crea una frase para cada sensación creada.
7. Normalmente, el juego se hace con dos sensaciones y dos frases, pero si se quiere poner más dificultad se puede hacer con tres o más.
8. Una vez creadas las diferentes frases con el soporte expresivo elegido, los demás jugadores tienen que determinar a qué expresión corresponde cada frase, o sea, cuál corresponde a cuál.
9. Cada jugador que acierte se lleva dos puntos, y el jugador de turno se lleva uno por cada jugador que haya acertado.
10. Gana el jugador que llega antes a los puntos acordados o el que, en el tiempo de juego determinado previamente, haya acumulado más puntos.
11. También los jugadores pueden crear sus propias reglas de competición y usar un tablero y unas fichas de otro juego.
12. Se repetirá el sensojuego, con soportes expresivos distintos, hasta que todos los jugadores lo dominen

Con este sensojuego has seguido profundizando en las bases de la creación artística y literaria. Para alcanzar el punto en el que seas capaz de expresar las sensaciones de tu mundo interior, primero tienes que aprender a sentir y a expresar elementos a cuya sensación te es más fácil llegar. Tu ahora solamente eres el medio para conseguirlo, no el fin, como descubrirás más adelante.

Has hecho un gran salto al ser capaz de sentir unas sensaciones propuestas y crear las frases que expresen la misma sensación. Este es el punto culminante en la creación de cualquier obra de arte, sea literaria o de otro tipo. Se hace hincapié en la literaria porque es la que más peligro tiene de quedar atrapada en la descripción.

En el próximo sensojuego seguirás profundizando en el mundo de la creación literaria, en este caso creando dos párrafos que cada uno exprese una de las dos sensaciones propuestas.

16. A PARTIR DE FIJAR DOS SENSACIONES DADAS, CREAR DOS PÁRRAFOS QUE HAGAN SENTIR DICHAS SENSACIONES

Esta vez, partiendo también de unas sensaciones producidas a través de determinados soportes expresivos, tendrás que crear los párrafos que hagan sentir las mismas sensaciones que las de las propuestas.

Ahora partes de una sensación externa; en la inspiración, se parte de una sensación interior que nos hace que busquemos las palabras que expresen dicha sensación. Por esto ahora, en este sensojuego, vas a partir de una sensación para expresar todo un párrafo que haga sentir esta misma sensación. Aquí conectas con la verdadera creación literaria. Tus propios temas, fruto de tu inspiración, vendrán cuando tu cerebro este ejercitado en la unión del pensamiento con la propia sensación del estar pensando, antesala de la sensación del estar sintiendo tu ser profundo. Pero en este sensojuego ya vas a practicar creando párrafos que hagan sentir unas sensaciones propuestas.

SENSOJUEGO 16

APRENDER A SENTIR Y A CREAR LOS PÁRRAFOS
QUE EXPRESEN DETERMINADAS SENSACIONES

Reglas del juego

1. En este sensojuego se trata de sentir dos propuestas de sensaciones y crear dos párrafos que expresen lo mismo que dichas sensaciones. Al haber dos propuestas, se facilita la creación de cada sensación con el párrafo adecuado que haga sentir la misma sensación.

2. El jugador de la izquierda determinará el soporte expresivo, de la (a) a la (j) (pág. 27 a 33), que se utilizará para crear las sensaciones que luego el jugador de turno tendrá que expresar a través de las sensaciones de unos párrafos.

3. Se puede escoger una sola modalidad, por ejemplo, *Pintar*, en la que a partir de un tema del listado de la página 32-33, u otro que elija, tiene que expresar dos sensaciones. Después, el jugador de turno tendrá que crear los párrafos que por su sensación correspondan a cada propuesta.

4. También puede realizar el sensojuego con todas las formas de expresión, de la (a) a la (j), si así se ha determinado al empezar el juego, es decir, que, con los dos párrafos que creemos, expresemos las mismas sensaciones que las que han sido propuestas. Aquí la contundencia de la repetición de la misma expresión con soportes expresivos distintos facilita que cuando creemos los párrafos, estos sean los más adecuados.

5. A continuación, el jugador de la derecha realiza dos expresiones con el soporte expresivo indicado.

6. Seguidamente, el jugador de turno crea un párrafo para cada sensación creada.

7. Normalmente, el juego se hace con dos sensaciones y dos párrafos, pero si se quiere poner más dificultad se puede hacer con tres o más.

8. Una vez creados los diferentes párrafos con el soporte expresivo elegido, los demás jugadores tienen que determinar a qué expresión corresponde cada párrafo, o sea, cuál corresponde a cuál.

9. Cada jugador que acierte se lleva dos puntos, y el jugador de turno se lleva uno por cada jugador que haya acertado.

10. Gana el jugador que llega antes a los puntos acordados o el que, en el tiempo de juego determinado previamente, haya acumulado más puntos.

11. También los jugadores pueden crear sus propias reglas de competición y usar un tablero y unas fichas de otro juego.

12. Se repetirá el sensojuego, con soportes expresivos distintos, hasta que todos los jugadores lo dominen.

Con este sensojuego has seguido profundizando en las bases de la creación artística y literaria. Para alcanzar el punto en el que seas capaz de expresar las sensaciones de tu mundo interior, primero tienes que aprender a sentir y a expresar elementos a cuya sensación te es más fácil llegar. Tu ahora solamente eres el medio para conseguirlo, no el fin, como descubrirás más adelante.

Has hecho un gran salto al ser capaz de sentir unas sensaciones propuestas y de crear los párrafos que expresen la misma sensación. Este es el punto culminante en la creación de cualquier obra de arte, sea literaria o de otro tipo. Se hace hincapié en la literaria porque es la que más peligro tiene de quedar atrapada en la descripción.

En el próximo sensojuego seguirás profundizando en el mundo de la creación literaria, en este caso creando dos poemas que cada uno exprese una de las dos sensaciones propuestas.

17. A PARTIR DE DOS SENSACIONES DADAS, CREAR DOS POEMAS QUE HAGAN SENTIR DICHAS SENSACIONES

Después de la experiencia del anterior sensojuego en el que has expresado unas sensaciones producidas a través de determinados soportes expresivos y tenías que crear unos párrafos que expresarán las sensaciones propuestas, esta vez, partiendo también de unas sensaciones producidas a través de determinados soportes expresivos, tendrás que crear unos poemas que hagan sentir las mismas sensaciones que las de las propuestas.

Ahora partes de una sensación externa; en la inspiración, se parte de una sensación interior que nos hace que busquemos las palabras que expresen dicha sensación. Por esto, ahora, en este sensojuego vas a partir de una sensación para expresar un poema que haga sentir esta misma sensación. Aquí conectas con la verdadera creación literaria. Tus propios temas, fruto de tu inspiración, vendrán cuando tu cerebro este ejercitado en la unión del pensamiento con la propia sensación del estar pensando, antesala de la sensación del estar sintiendo tu ser profundo. Pero en este sensojuego ya vas a practicar creando párrafos que hagan sentir unas sensaciones propuestas.

SENSOJUEGO 17

APRENDER A SENTIR Y A CREAR UNOS POEMAS
QUE EXPRESEN DETERMINADAS SENSACIONES

Reglas del juego

1. En este sensojuego se trata de sentir dos propuestas de sensaciones y crear dos poemas que expresen lo mismo que dichas

sensaciones. Al haber dos propuestas, se facilita con cada sensación la creación del poema adecuado que haga sentir la misma sensación.

2. El jugador de la izquierda determinará el soporte expresivo, de la (a) a la (j) (pág. 27 a 33), que se utilizará para crear las sensaciones que luego el jugador de turno tendrá que expresar a través de las sensaciones de unos poemas.

3. Se puede escoger una sola modalidad, por ejemplo, *Pintar*, en la que a partir de un tema del listado de la página 32-33, u otro que elija, tiene que expresar dos sensaciones. Después, el jugador de turno tendrá que crear los párrafos que por su sensación correspondan a cada propuesta.

4. También puede realizar el sensojuego con todas las formas de expresión, de la (a) a la (j), si así se ha determinado al empezar el juego, es decir, que, con los dos poemas que creemos, expresemos las mismas sensaciones que las que han sido propuestas. Aquí la contundencia de la repetición de la misma expresión con soportes expresivos distintos facilita que, cuando creemos los poemas, estos sean los más adecuados.

5. A continuación, el jugador de la derecha realiza dos expresiones con el soporte expresivo indicado.

6. Seguidamente, el jugador de turno crea un poema para cada sensación creada.

7. Normalmente, el juego se hace con dos sensaciones y dos poemas, pero si se quiere poner más dificultad se puede hacer con tres o más.

8. Una vez creados los diferentes poemas con el soporte expresivo elegido, los demás jugadores tienen que determinar a qué expresión corresponde cada poema, o sea, cuál corresponde a cuál.

9. Cada jugador que acierte se lleva dos puntos, y el jugador de turno se lleva uno por cada jugador que haya acertado.

10. Gana el jugador que llega antes a los puntos acordados o el que, en el tiempo de juego determinado previamente, haya acumulado más puntos.

11. También los jugadores pueden crear sus propias reglas de competición y usar un tablero y unas fichas de otro juego.

12. Se repetirá el sensojuego, con soportes expresivos distintos, hasta que todos los jugadores lo dominen.

Con este sensojuego has seguido profundizando en las bases de la creación artística y literaria. Para alcanzar el punto en el que seas capaz de expresar las sensaciones de tu mundo interior, primero tienes que aprender a sentir y a expresar elementos a cuya sensación te es más fácil llegar. Tu ahora solamente eres el medio para conseguirlo, no el fin, como descubrirás más adelante.

Has hecho un gran salto al ser capaz de sentir unas sensaciones propuestas y de crear los poemas que expresen la misma sensación. Este es el punto culminante en la creación de cualquier obra de arte, sea literaria o de otro tipo. Se hace hincapié en la literaria porque es la que más peligro tiene de quedar atrapada en la descripción.

En el próximo sensojuego seguirás profundizando en el mundo de la creación literaria, en este caso creando dos metáforas que cada una exprese una de las dos sensaciones propuestas.

18. A PARTIR DE DOS SENSACIONES DADAS, CREAR DOS METÁFORAS QUE HAGAN SENTIR DICHAS SENSACIONES

YO NUNCA HE SABIDO HACER METÁFORAS, PERO AHORA CREO QUE PRENDERÉ

YO NUNCA HE ESCRITO UNA METÁFORA EN MIS POEMAS

PUES YO SÍ QUE HE USADO METÁFORAS, PERO TENDRÉ QUE MEJORARLAS

Después de la experiencia del anterior sensojuego en el que has expresado unas sensaciones producidas a través de determinados soportes expresivos y en el que tenías que crear los poemas que expresarán las sensaciones propuestas, esta vez, partiendo también de unas sensaciones producidas a través de determinados soportes expresivos, tendrás que crear las metáforas que hagan sentir las mismas sensaciones que las de las propuestas, con lo que vas a practicar creando metáforas que hagan sentir determinadas sensaciones.

SENSOJUEGO 18

APRENDER A SENTIR Y A CREAR LAS METÁFORAS
QUE EXPRESEN DETERMINADAS SENSACIONES

Reglas del juego

1. En este sensojuego se trata de sentir dos propuestas de sensaciones y de crear dos metáforas que expresen lo mismo que dichas sensaciones. Al haber dos propuestas, se facilita la creación de cada sensación de la metáfora adecuada que haga sentir la misma sensación.
2. El jugador de la izquierda determinará el soporte expresivo, de la (a) a la (j) (pág. 27 a 33), que se utilizará para crear las sensaciones que luego el jugador de turno tendrá que expresar a través de las sensaciones de unas metáforas.
3. Se puede escoger una sola modalidad, por ejemplo, *Pintar*, en la que a partir de un tema del listado de la página 32-33, u otro que

elija, tiene que expresar dos sensaciones. Después, el jugador de turno tendrá que crear las metáforas que por su sensación correspondan a cada propuesta.

4. También puede realizar el sensojuego con todas las formas de expresión, de la (a) a la (j), si así se ha determinado al empezar el juego, es decir, que, con las dos metáforas que creemos, expresemos las mismas sensaciones que las que han sido propuestas. Aquí la contundencia de la repetición de la misma expresión con soportes expresivos distintos facilita que, cuando creemos las metáforas, estas sean las más adecuadas.

5. A continuación, el jugador de la derecha realiza dos expresiones con el soporte expresivo indicado.

6. Seguidamente, el jugador de turno crea una metáfora para cada sensación creada.

7. Normalmente, el juego se hace con dos sensaciones y dos metáforas, pero para poner más dificultad se puede hacer con tres o más.

8. Una vez creadas las diferentes metáforas con el soporte expresivo elegido, los demás jugadores tienen que determinar a qué expresión corresponde cada metáfora, o sea, cuál corresponde a cuál.

9. Cada jugador que acierte se lleva dos puntos, y el jugador de turno se lleva uno por cada jugador que haya acertado.

10. Gana el jugador que llega antes a los puntos acordados o el que, en el tiempo de juego acordado previamente, haya acumulado más puntos.

11. También los jugadores pueden crear sus propias reglas de competición y usar un tablero y unas fichas de otro juego.

12. Se repetirá el sensojuego, con soportes expresivos distintos, hasta que todos los jugadores lo dominen.

Con este sensojuego has seguido profundizando en las bases de la creación artística y literaria. Para alcanzar el punto en el que seas capaz de expresar las sensaciones de tu mundo interior, primero tienes que aprender a sentir y a expresar elementos a cuya sensación te es más fácil llegar. Tu ahora solamente eres el medio para conseguirlo, no el fin, como descubrirás más adelante.

Has hecho un gran salto al ser capaz de sentir unas sensaciones propuestas y crear las metáforas que expresen la misma sensación. En el próximo sensojuego seguirás profundizando en el mundo de la creación literaria, en este caso creando dos libros que cada uno exprese una de las dos sensaciones propuestas.

19. A PARTIR DE DOS SENSACIONES DADAS, CREAR DOS LIBROS QUE HAGAN SENTIR DICHAS SENSACIONES

Esta vez tendrás que crear los libros que hagan sentir las mismas sensaciones que las de las propuestas.

Ahora partes de una sensación externa; en la inspiración, se parte de una sensación interior que nos hace que busquemos las palabras que expresen dicha sensación. Por esto ahora, en este sensojuego, vas a partir de una sensación para expresar todo un libro que haga sentir esta misma sensación. Aquí conectas con la verdadera creación literaria. Tus propios temas fruto de tu inspiración vendrán cuando tu cerebro este ejercitado en la unión del pensamiento con la propia sensación `del estar pensando, antesala de la sensación del estar sintiendo tu ser profundo; pero, ahora, ya vas a practicar creando libros que hagan sentir unas sensaciones propuestas.

SENSOJUEGO 19

APRENDER A SENTIR Y A CREAR LOS LIBROS
QUE EXPRESEN DETERMINADAS SENSACIONES

Reglas del juego

1. En este sensojuego se trata de sentir dos propuestas de sensaciones y crear dos libros que expresen lo mismo que dichas sensaciones. Al haber dos propuestas, se facilita la creación de la sensación adecuada para el libro que haga sentir la misma sensación.

2. El jugador de la izquierda determinará el soporte expresivo, de la (a) a la (j) (pág. 27 a 33), que se utilizará para crear las sensaciones que luego el jugador de turno tendrá que expresar a través de las sensaciones de unos libros.

3. Se puede escoger una sola modalidad, por ejemplo, *Pintar*, en la que a partir de un tema del listado de la página 32-33, u otro que elija, realizará dos pinturas que tienen que expresar dos sensaciones. Después, el jugador de turno tendrá que crear los libros que por su sensación correspondan a cada propuesta.

4. También puede realizar el sensojuego con todas las formas de expresión, de la (a) a la (j), si así se ha determinado al empezar el juego, es decir, que, con los dos libros que creemos, expresemos las mismas sensaciones que las que han sido propuestas. Aquí la contundencia de la repetición de la misma expresión con soportes expresivos distintos facilita que, cuando creemos los libros, estos sean los más adecuados.

5. A continuación, el jugador de la derecha realiza dos expresiones con el soporte expresivo indicado.

6. Seguidamente, el jugador de turno crea un libro para cada sensación creada.

7. Normalmente, el juego se hace con dos sensaciones y dos libros, pero si se quiere poner más dificultad se puede hacer con tres o más.

8. Una vez creados los diferentes libros con el soporte expresivo elegido, los demás jugadores tienen que determinar a qué expresión corresponde cada libro, o sea, cuál corresponde a cuál.

9. Cada jugador que acierte se lleva dos puntos, y el jugador de turno se lleva uno por cada jugador que haya acertado.

10. Gana el jugador que llega antes a los puntos acordados o el que, en el tiempo de juego determinado previamente, haya acumulado más puntos.

11. También los jugadores pueden crear sus propias reglas de competición y usar un tablero y unas fichas de otro juego.

12. Se repetirá el sensojuego, con soportes expresivos distintos, hasta que todos los jugadores lo dominen.

Con este sensojuego has seguido profundizando en las bases de la creación artística y literaria. Para alcanzar el punto en el que seas capaz de expresar las sensaciones de tu mundo interior, primero tienes que aprender a sentir y a expresar elementos a cuya sensación te es más fácil llegar. Tu ahora solamente eres el medio para conseguirlo, no el fin, como descubrirás más adelante.

Has hecho un gran salto al ser capaz de sentir unas sensaciones propuestas y de crear los libros que expresen cada sensación.

En el próximo sensojuego entrarás en otro nivel de conocimiento y creatividad literaria. Vas a penetrar en el *sancta sanctórum* donde se produce la verdadera creación literaria. Penetrarás en los elementos fundamentales que mueven la inspiración y las emociones de las personas. Será una experiencia fascinante como escritor y como persona.

TERCERA SERIE DE SENSOJUEGOS

A PARTIR DE DOS TEMAS VIVENCIADOS,
CREAR LAS SENSACIONES
Y LOS TEXTOS QUE LOS EXPRESEN

20. A PARTIR DE DOS VIVENCIAS DE TU ALMA, CREAR DOS SENSACIONES QUE LAS FIJEN Y DETERMINAR DOS LETRAS QUE LAS EXPRESEN

NUNCA ME HUBIERA IMAGINADO QUE FUERA TAN FÁCIL ENTRAR EN MI ALMA

A MÍ ME DA CASI MIEDO SABER QUIÉN SOY

ES INCREÍBLE CÓMO UNA LETRA PUEDE ALMACENAR TODO EL CONTENIDO DE MI ALMA

Después de la experiencia de los anteriores sensojuegos, ahora vas a entrar en el santuario del creador, pues vas a expresar lo profundo de ti a través de unos temas que te afectan, de unas sensaciones que los fijan y les dan vida y de unas letras que los describen y los expresan.

Para realizar esta última serie de sensojuegos, vas a despertar tu alma, vas a penetrar en ella a través de lo que escojas y de lo que te dé el azar; vas a ir contando tu vida interior, desconocida hasta para ti, y vas a crear tus propios libros.

En este primer sensojuego de la serie vas a limitarte de nuevo a las letras, que vas a vestirlas con las sensaciones de un trozo de tu alma, pero que retendrán toda la esencia de tu vida.

SENSOJUEGO 20

APRENDER, A PARTIR DE DOS VIVENCIAS DE TU ALMA,
A CREAR LAS SENSACIONES Y LAS LETRAS
QUE LAS EXPRESAN

Reglas del juego

1. En este sensojuego se trata de buscar dos elementos de tu alma, sentirlos, expresar la sensación que cada uno te produce para poder fijarlos y luego buscar dos letras. Cada letra debe expresar una de las dos sensaciones elegidas. Al haber dos propuestas, se

facilita encontrar para cada sensación la letra adecuada que haga sentir la misma sensación.

2. El jugador de turno lo primero que hará será buscar los dos elementos de su alma que serán el *leitmotiv* o la base de su inspiración. Para seleccionar estos elementos recurrirá a un listado (pág. 40) en el que hay escritas algunas de las partes que componen su alma; pasará el dedo por encima de la página y lo detendrá en un lugar cualquiera, mirará lo que dice y ya tendrá un elemento. Luego repetirá la misma acción para obtener el segundo. Si el dedo se detiene sobre una que ponga "propón una que no esté", tendrá que elegir un elemento que no esté en el listado.

3. El jugador de la izquierda determinará el soporte expresivo, de la (a) a la (j) (pág. 27 a 33), que se utilizará para fijar las sensaciones que luego el jugador de turno tendrá que expresar a través de unas letras.

4. Se puede escoger una sola modalidad, por ejemplo, *Pintar*, en la que a partir de un tema del listado de la página 32-33, u otro que elija, el jugador de turno realizará dos pinturas que tienen que expresar y fijar los dos elementos elegidos de su alma. Después, tiene que crear las letras que expresen dichas sensaciones.

5. También se puede realizar el sensojuego con todas las formas de expresión, de la (a) a la (j), si así se ha determinado al empezar el juego, es decir, que, con ellas, el jugador de turno expresará los dos elementos de su alma elegidos. Aquí la contundencia de la repetición de la misma expresión con soportes expresivos distintos facilita que, cuando elijamos las letras, estas sean las más adecuadas.

6. A continuación, el jugador de turno elige al azar los dos elementos del listado. Luego, con el soporte expresivo elegido, crea las dos sensaciones que le hacen sentir lo mismo que los dos elementos de su alma y, finalmente, elige las dos letras que mejor los expresen sensológicamente.

7. Normalmente, el juego se hace con dos elementos del alma, dos sensaciones y dos letras, pero si se quiere poner más dificultad se puede hacer con tres o más.

8. Una vez expresadas las dos manifestaciones del alma, creados los dos soportes expresivos que las expresarán y fijarán, y elegidas las diferentes letras, los demás jugadores tienen que determinar a qué expresión del alma corresponde cada sensación creada y a qué letra de las elegidas, o sea, cuál corresponde a cuál.

9. Cada jugador que acierte se lleva dos puntos, y el jugador de turno se lleva uno por cada jugador que haya acertado.
10. Gana el jugador que llega antes a los puntos acordados o el que en el tiempo de juego determinado previamente haya acumulado más puntos.
11. También los jugadores pueden crear sus propias reglas de competición y usar un tablero y unas fichas de otro juego.
12. Se repetirá el sensojuego, con soportes expresivos distintos, hasta que todos los jugadores lo dominen.

Con este sensojuego has hecho el salto definitivo al ser capaz de sentir unas manifestaciones de tu alma, de expresar unas sensaciones y fijarlas en el tiempo y de crear unas letras que sintetizan toda esta vivencia. Este es el punto culminante en la creación de cualquier obra de arte, sea literaria o de otro tipo. Has entrado en el fondo de tu alma, que te ha llevado al olimpo del creador, para que la expresaras y la fijaras para luego poder mirarla, conocerla y expresarla con el lenguaje en el que te expreses.

En el próximo sensojuego seguirás profundizando en tu alma y fijando su expresión a través de la creación literaria, en este caso creando unas palabras que expresen las vivencias profundas de tu alma.

21. A PARTIR DE DOS VIVENCIAS DE TU ALMA, CREAR DOS SENSACIONES QUE LAS FIJEN Y LUEGO CREAR DOS PALABRAS QUE LAS EXPRESEN

Para realizar esta última serie de sensojuegos vas a despertar de nuevo tu alma, vas a penetrar en ella a través de las vivencias que escojas y las que te dé el azar y vas a ir contando tu vida interior, desconocida hasta para ti, pero ahora creando tus propias palabras.

En este segundo sensojuego de la serie te limitarás a las palabras, que vas a vestirlas con las sensaciones de un pedazo de tu alma, pero que retendrán toda la esencia de tu vida.

SENSOJUEGO 21

APRENDER, A PARTIR DE DOS VIVENCIAS DE TU ALMA, A CREAR LAS SENSACIONES Y LAS PALABRAS QUE LAS EXPRESEN

Reglas del juego

1. En este sensojuego se trata de buscar dos elementos de tu alma, sentirlos, expresar la sensación que cada uno te produce para poder fijarlos y, a continuación, crear dos palabras que cada una exprese una de las dos sensaciones de tu alma elegidas. Al haber dos propuestas, se facilita la creación de las palabras adecuadas que hagan sentir la misma sensación en cada una de las tres expresiones de las dos propuestas.

2. El jugador de turno lo primero que hará será buscar los dos elementos de su alma que serán el *leitmotiv* o la base de su inspiración. Para seleccionar estos elementos recurrirá a un listado

(pág. 40) en el que hay escritas algunas de las partes que componen su alma; pasará el dedo por encima de la página y lo detendrá en un lugar cualquiera, mirará lo que dice y ya tendrá un elemento. Luego repetirá la misma acción para obtener el segundo. Si el dedo se detiene sobre una que ponga "propón una que no esté", tendrá que elegir un elemento que no esté en el listado.

3. El jugador de la izquierda determinará el soporte expresivo, de la (a) a la (j) (pág. 27 a 33), que se utilizará para fijar las sensaciones del alma del jugador de turno, en este caso de sus temores, que luego tendrá que expresar a través de crear unas palabras.

4. Se puede escoger una sola modalidad, por ejemplo, *Pintar*, en la que a partir de un tema del listado de la página 32-33, u otro que elija, el jugador de turno realizará dos pinturas que tienen que expresar y fijar los dos elementos elegidos de su alma. Luego tiene que crear los libros que, por su sensación, correspondan a cada propuesta.

5. También puede realizar el sensojuego con todas las formas de expresión, de la (a) a la (j), si así se ha determinado al empezar el juego, es decir, que, con ellos, el jugador de turno expresará los dos elementos de su alma elegidos. Aquí, la contundencia de la repetición de la misma expresión con soportes expresivos distintos, facilita que, cuando creemos las palabras, tengamos muy presentes las sensaciones que han de expresar.

6. A continuación, el jugador de turno elije al azar los dos elementos del listado. Después, con el soporte expresivo elegido, crea las dos sensaciones que le hacen sentir lo mismo que los dos elementos de su alma y, finalmente, crea las dos palabras que hagan sentir las dos sensaciones.

7. Normalmente, el juego se hace con dos elementos del alma, dos sensaciones y dos letras, pero si se quiere poner más dificultad se puede hacer con tres o más.

8. Una vez expresadas las dos manifestaciones del alma a través de crear dos sensaciones con el soporte expresivo elegido y creadas las diferentes palabras, los demás jugadores tienen que determinar a qué expresión del alma corresponde cada sensación y cada palabra creada, o sea, cuál corresponde a cuál.

9. Cada jugador que acierte se lleva dos puntos, y el jugador de turno se lleva uno por cada jugador que haya acertado.

10. Gana el jugador que llega antes a los puntos acordados o el que, en el tiempo de juego determinado previamente, haya acumulado más puntos.
11. También los jugadores pueden crear sus propias reglas de competición y usar un tablero y unas fichas de otro juego.
12. Se repetirá el sensojuego, con soportes expresivos distintos, hasta que todos los jugadores lo dominen.

Con este sensojuego has hecho el salto definitivo al ser capaz de sentir unas manifestaciones de tu alma, unas sensaciones que las expresen y crear unas palabras que sintetizan toda esta vivencia.

En el próximo sensojuego seguirás profundizando en tu alma y fijando su expresión a través de la creación literaria, en este caso creando unas frases que expresen las vivencias profundas de tu alma.

22. A PARTIR DE DOS VIVENCIAS DE TU ALMA, CREAR DOS SENSACIONES QUE LAS FIJEN Y LUEGO CREAR DOS FRASES QUE LAS EXPRESEN

Siguendo con esta última serie de sensojuegos vas a despertar de nuevo tu alma, vas a penetrar en ella a través de las vivencias que escojas y las que te dé el azar y vas a ir contando tu vida interior, desconocida hasta para ti, pero ahora creando tus propias frases.

En este tercer sensojuego de la serie vas a limitarte a las frases, que vas a vestirlas con las sensaciones de un pedazo de tu alma, pero que retendrán toda la esencia de tu vida.

SENSOJUEGO 21

APRENDER, A PARTIR DE DOS VIVENCIAS DE TU ALMA, A CREAR LAS SENSACIONES Y LAS FRASES QUE LAS EXPRESEN

Reglas del juego

1. En este sensojuego se trata de buscar dos elementos de tu alma, sentirlos, y expresar la sensación que cada uno te produce para poder fijarlos, y luego crear dos frases que cada una exprese una de las dos sensaciones elegidas de tu alma. Al haber dos propuestas, se facilita la creación de las frases adecuadas que hagan sentir la misma sensación en cada una de las tres expresiones de las dos propuestas.

2. El jugador de turno lo primero que hará será buscar los dos elementos de su alma que serán el *leitmotiv* o la base de su inspiración. Para seleccionar estos elementos recurrirá a un listado

97

(pág. 40) en el que hay escritas algunas de las partes que componen su alma, pasará el dedo por encima de la página y lo detendrá en un lugar cualquiera, mirará lo que dice y ya tendrá un elemento. Luego repetirá la misma acción para obtener el segundo. Si el dedo se detiene sobre una que ponga "propón una que no esté", tendrá que elegir un elemento que no esté en el listado.

3. El jugador de la izquierda determinará el soporte expresivo, de la (a) a la (j) (pág. 27 a 33), que se utilizará para fijar las sensaciones del alma del jugador de turno que luego tendrá que expresar a través de crear unas frases.

4. Se puede escoger una sola modalidad, por ejemplo, *Pintar*, en la que a partir de un tema del listado de la página 32-33, u otro que elija, el jugador de turno realizará dos pinturas que tienen que expresar y fijar los dos elementos elegidos de su alma. Luego tiene que crear las frases que por su sensación correspondan a cada propuesta.

5. También puede realizar el sensojuego con todas las formas de expresión, de la (a) a la (j), si así se ha determinado al empezar el juego, es decir, que, con ellos, el jugador de turno expresará los dos elementos de su alma elegidos. Aquí, la contundencia de la repetición de la misma expresión con soportes expresivos distintos, facilita que, cuando creemos las frases, tengamos muy presentes las sensaciones que han de expresar.

6. A continuación, el jugador de turno elije al azar los dos elementos del listado. Después, con el soporte expresivo elegido, crea las dos sensaciones que le hacen sentir lo mismo que los dos elementos de su alma y, finalmente, crea las dos frases que hagan sentir las dos sensaciones.

7. Normalmente, el juego se hace con dos elementos del alma, dos sensaciones y dos frases, pero si se quiere poner más dificultad se puede hacer con tres o más.

8. Una vez expresadas las dos manifestaciones del alma a través de crear dos sensaciones con el soporte expresivo elegido y creadas las diferentes frases, los demás jugadores tienen que determinar a qué expresión del alma corresponde cada sensación y cada frase creada, o sea, cuál corresponde a cuál.

9. Cada jugador que acierte se lleva dos puntos, y el jugador de turno se lleva uno por cada jugador que haya acertado.

10. Gana el jugador que llega antes a los puntos acordados o el que, en el tiempo de juego determinado previamente, haya acumulado más puntos.
11. También los jugadores pueden crear sus propias reglas de competición y usar un tablero y unas fichas de otro juego.
12. Se repetirá el sensojuego, con soportes expresivos distintos, hasta que todos los jugadores lo dominen.

Con este sensojuego has hecho un nuevo salto al ser capaz de sentir unas manifestaciones de tu alma, unas sensaciones que las expresen y crear unas frases que sintetizan toda esta vivencia.

En el próximo sensojuego seguirás profundizando en tu alma y fijando su expresión a través de la creación literaria, en este caso creando unos párrafos que expresen las vivencias profundas de tu alma.

23. A PARTIR DE DOS VIVENCIAS DE TU ALMA, CREAR DOS SENSACIONES QUE LAS FIJEN Y DETERMINAR DOS PÁRRAFOS QUE LAS EXPRESEN

En este sensojuego vas a despertar de nuevo tu alma, vas a penetrar en ella a través de las vivencias que escojas y las que te dé el azar y vas a ir contando tu vida interior, desconocida hasta para ti, pero ahora creando unos párrafos que los describen y los expresan.

En este sensojuego del tercer grupo, vas a crear unos párrafos y vas a vestirlos con las sensaciones de un pedazo de tu alma, pero que retendrán toda la esencia de tu vida.

SENSOJUEGO 23

APRENDER, A PARTIR DE DOS VIVENCIAS DE TU ALMA, A CREAR LAS SENSACIONES Y LOS PÁRRAFOS QUE LAS EXPRESEN

Reglas del juego

1. En este sensojuego se trata de buscar dos elementos de tu alma, sentirlos, y expresar la sensación que cada uno te produce para poder fijarlos, y luego crear dos párrafos que cada uno exprese una de las dos vivencias de tu alma. Al haber dos propuestas, se facilita la creación de los párrafos adecuados que hagan sentir la misma sensación en cada una de las tres expresiones de las dos propuestas.

2. El jugador de turno lo primero que hará será buscar los dos elementos de su alma que serán el *leitmotiv* o la base de su inspiración. Para seleccionar estos elementos recurrirá a un listado (pág.

40) en el que hay escritas algunas de las partes que componen su alma, pasará el dedo por encima de la página y lo detendrá en un lugar cualquiera, mirará lo que dice y ya tendrá un elemento. Luego repetirá la misma acción para obtener el segundo. Si el dedo se detiene sobre una que ponga "propón una que no esté", tendrá que elegir un elemento que no esté en el listado.

3. El jugador de la izquierda determinará el soporte expresivo, de la (a) a la (j) (pág. 27 a 33), que se utilizará para fijar las sensaciones del alma del jugador de turno que luego tendrá que expresar a través de crear unos párrafos.

4. Se puede escoger una sola modalidad, por ejemplo, *Pintar*, en la que a partir de un tema del listado de la página 32-33, u otro que elija, el jugador de turno realizará dos pinturas que tienen que expresar y fijar los dos elementos elegidos de su alma. Después tiene que crear los párrafos que por su sensación correspondan a cada propuesta.

5. También puede realizar el sensojuego con todas las formas de expresión, de la (a) a la (j), si así se ha determinado al empezar el juego, es decir, que, con ellos, el jugador de turno expresará los dos elementos de su alma elegidos. Aquí, la contundencia de la repetición de la misma expresión con soportes expresivos distintos, facilita que, cuando creemos las frases, tengamos muy presentes las sensaciones que han de expresar.

6. A continuación, el jugador de turno elije al azar los dos elementos del listado. Luego, con el soporte expresivo elegido, crea las dos sensaciones que le hacen sentir lo mismo que los dos elementos de su alma y, finalmente, crea los dos párrafos que hagan sentir las dos sensaciones.

7. Normalmente, el juego se hace con dos elementos del alma, dos sensaciones y dos párrafos, pero si se quiere poner más dificultad se puede hacer con tres o más.

8. Una vez expresadas las dos manifestaciones del alma a través de crear dos sensaciones con el soporte expresivo elegido, y creados los diferentes párrafos, los demás jugadores tienen que determinar a qué expresión del alma corresponde cada sensación y cada párrafo creado, o sea, cuál corresponde a cuál.

9. Cada jugador que acierte se lleva dos puntos, y el jugador de turno se lleva uno por cada jugador que haya acertado.

10. Gana el jugador que llega antes a los puntos acordados o el que, en el tiempo de juego determinado previamente, haya acumulado más puntos.
11. También los jugadores pueden crear sus propias reglas de competición y usar un tablero y unas fichas de otro juego.
12. Se repetirá el sensojuego, con soportes expresivos distintos, hasta que todos los jugadores lo dominen.

Con este sensojuego has hecho un nuevo salto al ser capaz de sentir unas manifestaciones de tu alma, unas sensaciones que las expresen y crear unos párrafos que sintetizan toda esta vivencia.

En el próximo sensojuego seguirás profundizando en tu alma y fijando su expresión a través de la creación literaria, en este caso creando unos poemas que expresen las vivencias profundas de tu alma.

24. A PARTIR DE DOS VIVENCIAS DE TU ALMA, CREAR DOS SENSACIONES QUE LAS FIJEN Y DETERMINAR DOS POEMAS QUE LAS EXPRESEN

AHORA CUANDO LEA UN POEMA LO LEERÉ CON EL ALMA

CREO QUE LA FORMA DE VER MI VIDA ESTÁ CAMBIANDO

A MI TAMBIÉN ME ESTÁ INFLUYENDO, TENGO GANAS DE ACABAR EL LIBRO

Siguiendo con esta serie de sensojuegos vas a despertar de nuevo tu alma, vas a penetrar en ella a través de las vivencias que escojas y las que te dé el azar y vas a ir contando tu vida interior, desconocida hasta para ti, pero ahora creando unos poemas que las describan y las expresen.

En este sensojuego del tercer grupo vas a crear unos poemas, y vas a vestirlos con las sensaciones de un pedazo de tu alma, pero que retendrán toda la esencia de tu vida.

SENSOJUEGO 24

APRENDER, A PARTIR DE DOS VIVENCIAS DE TU ALMA, A CREAR LAS SENSACIONES Y LOS POEMAS QUE LAS EXPRESEN

Reglas del juego

1. En este sensojuego se trata de buscar dos elementos de tu alma, sentirlos, y expresar la sensación que cada uno te produce para poder fijarlos, y luego crear dos poemas que cada uno exprese una de las dos vivencias de tu alma. Al haber dos propuestas, se facilita la creación de los poemas adecuados que hagan sentir la misma sensación en cada una de las tres expresiones de las dos propuestas.
2. El jugador de turno lo primero que hará será buscar los dos elementos de su alma que serán el *leitmotiv* o la base de su inspira-

ción. Para seleccionar estos elementos recurrirá a un listado (pág. 40) en el que hay escritas algunas de las partes que componen su alma, pasará el dedo por encima de la página y lo detendrá en un lugar cualquiera, mirará lo que dice y ya tendrá un elemento. Luego repetirá la misma acción para obtener el segundo. Si el dedo se detiene sobre una que ponga "propón una que no esté", tendrá que elegir un elemento que no esté en el listado.

3. El jugador de la izquierda determinará el soporte expresivo de la (a) a la (j) (pág. 27 a 33), que se utilizará para fijar las sensaciones del alma del jugador de turno, que luego tendrá que expresar a través de crear unos poemas.

4. Se puede escoger una sola modalidad, por ejemplo, *Pintar*, en la que a partir de un tema del listado de la página 32-33, u otro que elija, el jugador de turno realizará dos pinturas que tienen que expresar y fijar los dos elementos elegidos de su alma. Luego tiene que crear los poemas que por su sensación correspondan a cada propuesta.

5. También puede realizar el sensojuego con todas las formas de expresión, de la (a) a la (j), si así se ha determinado al empezar el juego, es decir, que, con ellos, el jugador de turno expresará los dos elementos de su alma elegidos. Aquí la contundencia de la repetición de la misma expresión con soportes expresivos distintos, facilita que cuando creemos los poemas tengamos muy presentes las sensaciones que han de expresar.

6. A continuación, el jugador de turno elije al azar los dos elementos del listado. Después, con el soporte expresivo elegido, crea las dos sensaciones que le hacen sentir lo mismo que los dos elementos de su alma y, finalmente, crea los dos poemas que hagan sentir las dos sensaciones.

7. Normalmente, el juego se hace con dos elementos del alma, dos sensaciones y dos poemas, pero si se quiere poner más dificultad se puede hacer con tres o más.

8. Una vez expresadas las dos manifestaciones del alma a través de crear dos sensaciones con el soporte expresivo elegido y creados los diferentes poemas, los demás jugadores tienen que determinar a qué expresión del alma corresponde cada sensación y cada poema creado, o sea, cuál corresponde a cuál.

9. Cada jugador que acierte se lleva dos puntos, y el jugador de turno se lleva uno por cada jugador que haya acertado.

10. Gana el jugador que llega antes a los puntos acordados o el que, en el tiempo de juego determinado previamente, haya acumulado más puntos.
11. También los jugadores pueden crear sus propias reglas de competición y usar un tablero y unas fichas de otro juego.
12. Se repetirá el sensojuego, con soportes expresivos distintos, hasta que todos los jugadores lo dominen.

Con este sensojuego has hecho un nuevo salto al ser capaz de sentir unas manifestaciones de tu alma, unas sensaciones que las fijen y las expresen y crear unos poemas que sintetizan toda esta vivencia.

En el próximo sensojuego seguirás profundizando en tu alma y fijando su expresión a través de la creación literaria, en este caso creando unas metáforas que expresen las vivencias profundas de tu alma.

25. A PARTIR DE DOS VIVENCIAS DE TU ALMA, CREAR DOS SENSACIONES QUE LAS FIJEN Y CREAR DOS METÁFORAS QUE LAS EXPRESEN

Siguendo con esta última serie de sensojuegos vas a despertar de nuevo tu alma, vas a penetrar en ella a través de las vivencias que escojas y las que te dé el azar y vas a ir contando tu vida interior, desconocida hasta para ti, pero ahora a través de unas metáforas que las describan y las expresen.

En este sensojuego del tercer grupo vas a crear unas metáforas, y vas a vestirlas con las sensaciones de un pedazo de tu alma, pero que retendrán toda la esencia de tu vida.

SENSOJUEGO 25

APRENDER, A PARTIR DE DOS VIVENCIAS DE TU ALMA, A CREAR LAS SENSACIONES Y LAS METÁFORAS QUE LAS EXPRESEN

Reglas del juego

1. En este sensojuego se trata de buscar dos elementos de tu alma, sentirlos, y expresar la sensación que cada uno te produce para poder fijarlos y luego crear dos metáforas que cada una exprese una de las dos vivencias de tu alma. Al haber dos propuestas, se facilita la creación de distintas metáforas que hagan sentir la misma sensación que cada una de las expresiones de las dos pro-puestas.

2. El jugador de turno lo primero que hará será buscar los dos elementos de su alma que serán el *leitmotiv* o la base de su inspiración. Para seleccionar estos elementos recurrirá a un listado (pág.

40) en el que hay escritas algunas de las partes que componen su alma, pasará el dedo por encima de la página y lo detendrá en un lugar cualquiera, mirará lo que dice y ya tendrá un elemento. Luego repetirá la misma acción para obtener el segundo. Si el dedo se detiene sobre una que ponga "propón una que no esté", tendrá que elegir un elemento que no esté en el listado.

3. El jugador de la izquierda determinará el soporte expresivo, de la (a) a la (j) (pág. 27 a 33), que se utilizará para fijar las sensaciones del alma del jugador de turno, que luego tendrá que expresar a través de crear unas metáforas.

4. Se puede escoger una sola modalidad, por ejemplo, *Pintar*, en la que a partir de un tema del listado de la página 32-33, u otro que elija, el jugador de turno realizará dos pinturas que tienen que expresar y fijar los dos elementos elegidos de su alma. Después, tiene que crear las metáforas que por su sensación correspondan a cada propuesta.

5. También puede realizar el sensojuego con todas las formas de expresión, de la (a) a la (j), si así se ha determinado al empezar el juego, es decir, que, con ellos, el jugador de turno expresará los dos elementos de su alma elegidos. Aquí, la contundencia de la repetición de la misma expresión con soportes expresivos distintos, facilita que, cuando creemos las metáforas, tengamos muy presentes las sensaciones que han de expresar.

6. A continuación, el jugador de turno elije al azar los dos elementos del listado. Luego, con el soporte expresivo elegido, crea las dos sensaciones que le hacen sentir lo mismo que los dos elementos de su alma y, finalmente, crea las dos metáforas que hagan sentir las dos sensaciones.

7. Normalmente, el juego se hace con dos elementos del alma, dos sensaciones y dos metáforas, pero si se quiere poner más dificultad se puede hacer con tres o más.

8. Una vez expresadas las dos manifestaciones del alma a través de crear dos sensaciones con el soporte expresivo elegido y creadas las diferentes metáforas, los demás jugadores tienen que determinar a qué expresión del alma corresponde cada sensación y cada metáfora creada, o sea, cuál corresponde a cuál.

9. Cada jugador que acierte se lleva dos puntos, y el jugador de turno se lleva uno por cada jugador que haya acertado.

10. Gana el jugador que llega antes a los puntos acordados o el que, en el tiempo de juego determinado previamente, haya acumulado más puntos.
11. También los jugadores pueden crear sus propias reglas de competición y usar un tablero y unas fichas de otro juego.
12. Se repetirá el sensojuego, con soportes expresivos distintos, hasta que todos los jugadores lo dominen.

Con este sensojuego has hecho un nuevo salto al ser capaz de sentir unas manifestaciones de tu alma, unas sensaciones que las expresen y crear unas metáforas que sinteticen toda esta vivencia.

En el próximo sensojuego seguirás profundizando en tu alma y fijando su expresión a través de la creación literaria, en este caso creando unos libros que expresen las vivencias profundas de tu alma.

26. A PARTIR DE DOS VIVENCIAS DE TU ALMA, CREAR DOS SENSACIONES QUE LAS FIJEN Y DOS LIBROS QUE LAS EXPRESEN

Para realizar este último sensojuego vas a despertar de nuevo tu alma, vas a penetrar en ella a través de las vivencias que escojas y las que te dé el azar y vas a ir contando tu vida interior, desconocida hasta para ti, pero ahora creando tus libros que las describan y las expresen.

En este sensojuego del tercer grupo vas a crear ya unos libros, y vas a vestirlos con las sensaciones de un pedazo de tu alma, que retendrán toda la esencia de tu vida.

SENSOJUEGO 26

APRENDER, A PARTIR DE DOS VIVENCIAS DE TU ALMA, A CREAR LAS SENSACIONES Y LOS LIBROS QUE LAS EXPRESEN

Reglas del juego

1. En este sensojuego se trata de buscar dos elementos de tu alma, sentirlos, y expresar la sensación que cada uno te produce para poder fijarlos y luego crear dos libros que cada uno exprese una de las dos vivencias de tu alma. Al haber dos propuestas, se facilita la creación de dos libros distintos que hagan sentir la misma sensación que cada una de las expresiones de las dos propuestas.

2. El jugador de turno lo primero que hará será buscar los dos elementos de su alma que serán el *leitmotiv* o la base de su inspiración. Para seleccionar estos elementos recurrirá a un listado (pág.

40) en el que hay escritas algunas de las partes que componen su alma, pasará el dedo por encima de la página y lo detendrá en un lugar cualquiera, mirará lo que dice y ya tendrá un elemento. Luego repetirá la misma acción para obtener el segundo. Si el dedo se detiene sobre una que ponga "propón una que no esté", tendrá que elegir un elemento que no esté en el listado.

3. El jugador de la izquierda determinará el soporte expresivo, de la (a) a la (j) (pág. 27 a 33), que se utilizará para fijar las sensaciones del alma del jugador de turno, que luego tendrá que expresar a través de crear unos libros.

4. Se puede escoger una sola modalidad, por ejemplo, *Pintar*, en la que a partir de un tema del listado de la página 32-33, u otro que elija, el jugador de turno realizará dos pinturas que tienen que expresar y fijar los dos elementos elegidos de su alma. Después, tiene que crear los libros que por su sensación correspondan a cada propuesta.

5. También puede realizar el sensojuego con todas las formas de expresión, de la (a) a la (j), si así se ha determinado al empezar el juego, es decir, que, con ellos, el jugador de turno expresará los dos elementos de su alma elegidos. Aquí, la contundencia de la repetición de la misma expresión con soportes expresivos distintos, facilita que, cuando creemos los libros, tengamos muy presentes las sensaciones que han de expresar.

6. A continuación, el jugador de turno elije al azar los dos elementos del listado. Luego, con el soporte expresivo elegido, crea las dos sensaciones que le hacen sentir lo mismo que los dos elementos de su alma y, finalmente, crea los dos libros que hagan sentir las dos sensaciones.

7. Normalmente, el juego se hace con dos elementos del alma, dos sensaciones y dos libros, pero si se quiere poner más dificultad se puede hacer con tres o más.

8. Una vez expresadas las dos manifestaciones del alma a través de crear dos sensaciones con el soporte expresivo elegido y creados los diferentes libros, los demás jugadores tienen que determinar a qué expresión del alma corresponde cada sensación y cada libro creado, o sea, cuál corresponde a cuál.

9. Cada jugador que acierte se lleva dos puntos, y el jugador de turno se lleva uno por cada jugador que haya acertado.

10. Gana el jugador que llega antes a los puntos acordados o el que, en el tiempo de juego determinado previamente, haya acumulado más puntos.
11. También los jugadores pueden crear sus propias reglas de competición y usar un tablero y unas fichas de otro juego.
12. Se repetirá el sensojuego, con soportes expresivos distintos, hasta que todos los jugadores lo dominen.

Con este sensojuego has hecho un nuevo salto al ser capaz de sentir unas manifestaciones de tu alma, unas sensaciones que las expresen y crear unos libros que sintetizan toda esta vivencia.

Este ha sido el último sensojuego en el que has llegado a la culminación de la creación de cualquier escritor, sentir el alma, expresarla con otro soporte expresivo, que será la catapulta para fijar la sensación de esta alma tuya, y, una vez fijada, expresarla a través de las páginas de un libro.

EPÍLOGO

A través de los sensojuegos que has realizado, has descubierto que las palabras, cuando son de verdad, van siempre acompañadas de sensaciones y que un libro o cualquier texto que no haga sentir no es un texto literario.

A través de los diferentes sensojuegos, y de forma progresiva, has ido descubriendo la forma de vestir un texto con sensaciones, de crear un texto a partir de unas sensaciones y de sentir un tema, crear la sensación que lo expresa y luego confeccionarlo con palabras que produzcan aquella sensación.

Este es el camino que recorre un buen escritor de forma intuitiva, porque como artista creador, su cerebro, de forma innata, ya elabora sensaciones al tiempo que crea las palabras.

Pero en este libro lo que se pretendía era que el jugador aprendiera a comprender un texto al ser capaz de crearlo. En suma, que tuviera una buena comprensión lectora y una mejor capacidad creativa. Una buena comprensión lectora solo es posible cuando el alumno es capaz de comprender los principios que determinan que un texto literario es un buen texto. Esto no se consigue solamente conociendo la gramática del idioma en que está escrito el libro, sino experimentando los fundamentos en los que se basa la creación literaria, que el lector ha experimentado a través de estos veintiséis sensojuegos, que si se utilizan todos los soportes expresivos se convierten en doscientos sesenta.

Estoy convencido de que, cuando la persona que haya realizado todos los sensojuegos del libro acometa la lectura o escritura de un texto literario, lo hará con una mente y una actitud completamente distinta a la que tenía antes de experimentar con los sensojuegos.

No podemos enseñar cualquier materia sin transmitir primero sus fundamentos en los dos sentidos: lo que pensamos y lo que sentimos. Todo en nuestra vida tiene que estar vestido con las dos naturalezas. Hemos olvidado el sentir al tenerlo como algo a lo que no sabemos cómo acceder.

En todos los niveles y materias de la enseñanza se pueden impartir de forma conjunta o simultánea los dos niveles esenciales de la persona. Tal vez, el siglo de las luces iluminó demasiado el pensamiento; pero, ahora, existe una pedagogía que integra el pensar con el sentir a través de los sensojuegos. Se denominan así, sensojuegos, porque le hacen un juego al cerebro haciendo que cambie su forma de procesar la información que le ofrecemos, pasando de la forma lineal, de una vivencia detrás de otra, a una forma holística y cuántica en la que es capaz de procesar dos o más vivencias de forma simultánea. Esto es lo que hace el artista en su proceso creativo y lo que recibe el espectador, aunque muchas veces ni el uno ni el otro sean conscientes de lo que estén viviendo.

VOCABULARIO BÁSICO DE SENSOLOGÍA

LA SENSOLOGÍA HA HECHO YA UN LARGO CAMINO

A CONTINUACIÓN, TE OFRECEMOS SU VOCABULARIO BÁSICO

PARA QUE ACLARES CUALQUIER DUDA QUE TENGAS AL LEER EL LIBRO

ALMA

En sensología se considera al alma como el variado conjunto de sensaciones que se experimentan a lo largo de la vida, que van configurando una geografía por la que puedes deslizarte ayudado de herramientas como los sensojuegos, a través de los cuales puedes modificar y limpiar esta alma de los residuos que el sentir diario va dejando en ella.

APUNTES SENSOLÓGICOS

Son expresiones gráficas de sensaciones realizadas a través de grafismos y manchas abstractas de pintura. Se suelen hacer en una hoja de papel en la que se han dibujado varios cuadrados.

BIT-BIO O BIT-BIOLÓGICO

Un *bit-bio* es la unidad básica de percepción-expresión de cualquier sensación humana. Equivale, en cierta forma, al *bit* informático, compuesto de unos y ceros. Pero el *bit-bio* está compuesto de unidades básicas de *espacio sensación* y de *tiempo sensación*.

CONTENEDOR DE ESPACIO

Es la limitación de una porción de espacio contenido dentro de un envase o determinado por unos límites.

CREATIVIDAD DEDUCTIVA

Es el proceso en el que se organiza una respuesta nueva a partir de reorganizar los conocimientos sobre determinada materia.

CREATIVIDAD CREATIVA

Es el proceso cuántico en el que creamos una respuesta original que no parte de ningún supuesto anterior.

CÚBIT-BIO O CÚBIT BIOLÓGICO

Igual que en informática cuántica hay los *cúbit* que son como dos *bit*s simultáneos, en sensología hay los *cúbit-bio* que son las percepciones simultáneas de sensaciones, básicamente, de *espacio sensación* y de *tiempo sensación.*

DESARROLLO SENSOLÓGICO

Desarrollo de la parte del cerebro que siente, que, unido al cerebro que piensa, propicia todo su desarrollo integral.

DIÁLOGO ESTÉTICO

Es la relación que tiene nuestro tercer cerebro con los diferentes elementos físicos o mentales que configuran nuestro entorno, tanto externo como interno.

DOS CEREBROS

Forman parte del cerebro interno biológico. El izquierdo es verbal lineal y el derecho es mudo, holístico y cuántico que se expresa con sensaciones.

EL HOMBRE CUÁNTICO

Es la persona liberada de los adjetivos y cuya mente trabaja con mayor libertad, procesando grandes paquetes de información simultáneos

ELIMINAR LOS ADJETIVOS

En la experiencia sensológica, para poder comprender la igualdad, se eliminan los adjetivos en una serie de sensojuegos con el fin de tener una verdadera experiencia de convivencia al hacer que todos nos sintamos iguales.

EMOCIONES SIN ADJETIVOS

Emocionarse sin adjetivar, solo sintiendo. Muy importante en las aplicaciones sensoanalíticas y sensoterápéuticas.

ESPACIO SENSACIÓN

Es la sensación subjetiva de un espacio.

EXTERIORIZACIÓN DEL ESTÍMULO EVOLUTIVO

El ser humano puede exteriorizar sus cambios evolutivos a partir de hacer colectivo su *genoma estético* modificado. A través de esta exteriorización, el estímulo estético evolutivo hace que evolucionen todos los que están en contacto con dicho estímulo estético.

FIJAR LAS SENSACIONES

Una sensación, en el momento en el que se expresa con un soporte estético estable o con una fórmula de espacio y tiempo, queda fijada y podemos sentirla de nuevo tal como fue concebida.

GENOMA ESTÉTICO

Es la percepción de la sensación estética básica que configura y expresa nuestro ser esencial.

GENOMA ESTÉTICO COLECTIVO

Es la percepción de la sensación estética básica que configura y expresa una sociedad cuántica en la que todos aportan su *genoma estético personal* y toman del *genoma estético colectivo* lo que necesitan.

INTELIGENCIA SENSOLÓGICA

La inteligencia sensológica es una inteligencia no verbalizable, encargada de percibir, organizar y expresar las sensaciones. Esta característica sensológica le sirve a nuestro cerebro para articular, de forma eficaz, el llamado inconsciente. Este inconsciente no está en ningún lugar oculto de nuestra mente, sino que, simplemente, por sus características sensológicas, no lo podemos pensar o expresar con palabras porque no es verbalizable. Sin embargo, sí podemos trabajar amplia, profunda y creativamente en este espacio sin palabras, a través del lenguaje abierto de la percepción / expresión de sensaciones, que le es propio a la inteligencia sensológica.

LENGUAJE SENSOLÓGICO

Es el que se expresa a través de sensaciones.

MEMORIA GENÉTICO-ESTÉTICA

La memoria genética es un fenómeno en el que un individuo hereda recuerdos o habilidades sin haber estado expuesto antes a ningún tipo de experiencia. Normalmente son experiencias emocionales o estético-emocionales reiteradas, que quedan grabadas en los genes de la descendencia.

MENTE CUÁNTICA

La mente cuántica, que crea la sensología, es una parte de nuestra mente muy potente que se activa a partir de las aplicaciones de los *cúbit-bio,* a través de superposiciones cuánticas de percepciones de *espacio sensación* y de *tiempo sensación*.

REFERENCIA VIVENCIAL

La persona, al expresar: "cómo se siente" y "cómo le gustaría sentirse" crea, al expresar este último, un nuevo estado de ánimo a través del cual el cerebro adquiere la "referencia vivencial" de cómo debe comportarse a partir de la nueva sensación creada.

RELACIONES SIN ADJETIVOS (*con uno mismo, con los demás, con el entorno*)

En los tres casos, las relaciones sin adjetivos se producen al vivenciar la relación sin aplicar ningún adjetivo.

SENSACIÓN ESTÉTICA

En sensología, es la percepción de una combinación de sensaciones que se leen de forma simultánea.

SENSOANÁLISIS

Es una terapia que se realiza a partir de lo que se siente en el riguroso presente.

SENSOANÁLISIS CUÁNTICO

Es un análisis y terapia que se realiza a partir de lo que se siente en el riguroso presente, separando el *cúbit-bio,* que se ha formado de la fusión de la sensación del *genoma estético* con *la sensación de una vivencia que lo distorsiona* y que deforma nuestro estado de ánimo, nuestro pensamiento y nuestras sensaciones. Al separarse el *cúbit-bio* a partir de la vivencia de las sensaciones de "cómo lo siento" y de "cómo me gustaría sentirlo", que es, en realidad, "cómo siento mi *genoma estético*" o lo que es lo mismo, "cómo soy de verdad". La propia contemplación de ambos ya ejerce como terapia, pues lo que nos distorsiona desaparecerá y será sustituido por lo que nos hace sentir bien y nos da libertad.

SENSOJUEGO

Son juegos de mesa de sociedad, pedagógicos o terapéuticos que funcionan con sensaciones.

SENSOJUEGOS CUÁNTICOS

Son juegos de mesa pedagógicos o terapéuticos que funcionan con sensaciones a partir de propuestas de superposiciones cuánticas o *cúbits-bio*.

SENSOLOGÍA

Es la ciencia de las sensaciones no verbalizables.

SENSOLOGÍA CUÁNTICA

Es la gran potencia de la lectura cuántica de varias sensaciones sentidas o expresadas simultáneamente, pero sin perder ninguna su identidad.

SENSOPEDAGOGÍA

Desarrolla las dos partes del cerebro del alumno, la que piensa y la que siente, consiguiendo un desarrollo integral de la persona al mismo tiempo que aprende las asignaturas más fácilmente y potencia su fijación en la memoria.

SENSOTERAPIA

Terapia que se realiza a través de sensaciones a partir de lo que siente el paciente.

SENSOTERAPIA CUÁNTICA

Terapia que se realiza a través de sensaciones a partir de lo que siente el paciente, al hacer que "las sensaciones molestas que estoy sintiendo" y "otra sensación cualquiera" se fusionen. Como el *cúbit-bio* que se ha querido formar no tiene estructura lógica espacio-temporal, desaparece. Sin embargo, si fusionamos dos elementos unidos en el espacio o en el tiempo subsisten como *cúbit-bio*.

SHOCK CUÁNTICO

Se produce por una *superposición cuántica* múltiple que satura nuestra capacidad de asimilación. Una buena formación sensológica evita que se produzca dicha saturación. En las exaltaciones místicas y en las sacralizaciones, en ocasiones, se producen estos shocks por esta misma saturación no asimilada.

SIMULTANEAR ESPACIOS

Sentir dos o más espacios a la vez, manteniendo cada uno su personalidad, pero formando una sola secuencia.

SIMULTANEAR TIEMPOS

Sentir dos o más tiempos a la vez, manteniendo cada uno su personalidad, pero formando una sola secuencia.

SINESTESIAS ESTÉTICAS

Son formas de expresar una misma sensación, con diferentes soportes expresivos.

SOCIEDAD CUÁNTICA

Es una forma de convivencia en la que se busca que todos sus componentes respondan a partir de su *genoma estético,* creando un *genoma estético colectivo* del que participen todos los seres como entidades libres sin prejuicios.

SOPORTE EXPRESIVO

Son la vista, el oído, el olfato, el gusto, el tacto y otros sensores físicos o mentales, internos o externos, a través de los cuales se perciben o expresan las sensaciones.

SUPERPOSICIÓN CUÁNTICA-BIO

En sensología, una *superposición cuántica-bio,* se refiere a cuando un "sistema estético", que tiene todas sus propiedades simultaneadas, al plasmarlo o expresarlo con cualquier soporte expresivo, da un resultado que corresponde solamente a una de las posibles configuraciones de su naturaleza. O sea, puede ser expresada con distintos *soportes expresivos,* pero, cada expresión, "mantener la totalidad de la información". Esto se observa, cuando de un soporte expresivo se pasa a otros, sin que la sensación estética se modifique o pierda contenido.

TABLILLAS DE TEXTURAS

Son tablillas de arcilla del tamaño de un teléfono móvil con hendiduras y relieves que aparecen como texturas visuales.

TENSIONES INTERESTÉTICAS

Son las tensiones que existen entre varias sensaciones estéticas, percibidas simultáneamente en una obra de arte.

TERCER CEREBRO

Es un cerebro externo, virtual, estético y cuántico, formado por percepciones y expresiones estéticas de nuestro entorno y de nosotros mismos.

TIEMPO SENSACIÓN

Es la sensación subjetiva de un tiempo.

BIBLIOGRAFÍA

Bayod Serafini, C. (1987). *El cruzamiento de informaciones estéticas dobles como base pedagógica para la educación y el desarrollo de la sensibilidad y la creatividad* (Tesis Doctoral). Editorial Universidad de Barcelona.

Bayod Serafini, C. (1998). *El Arte de Sentir*. Editorial Índigo, Barcelona.

Bayod Serafini, C. (2008). *Sensoterapia*. Editorial Vedrà, Barcelona.

Bayod Serafini, C. (2013). Aprender a crear creándose, en *Artseduca, 5*.

Bayod Serafini, C. (2018). *Juguemos a Sentir*. Editorial Desclée de Brouwer, Bilbao.

Bayod Serafini, C. (2021). *La Inteligencia Sensológica / La Inteligencia Libre*. Editorial Popular, Madrid.

Bayod Serafini, C. (2023). *Cómo Retener los Recuerdos*. Editorial Desclée de Brouwer, Bilbao.